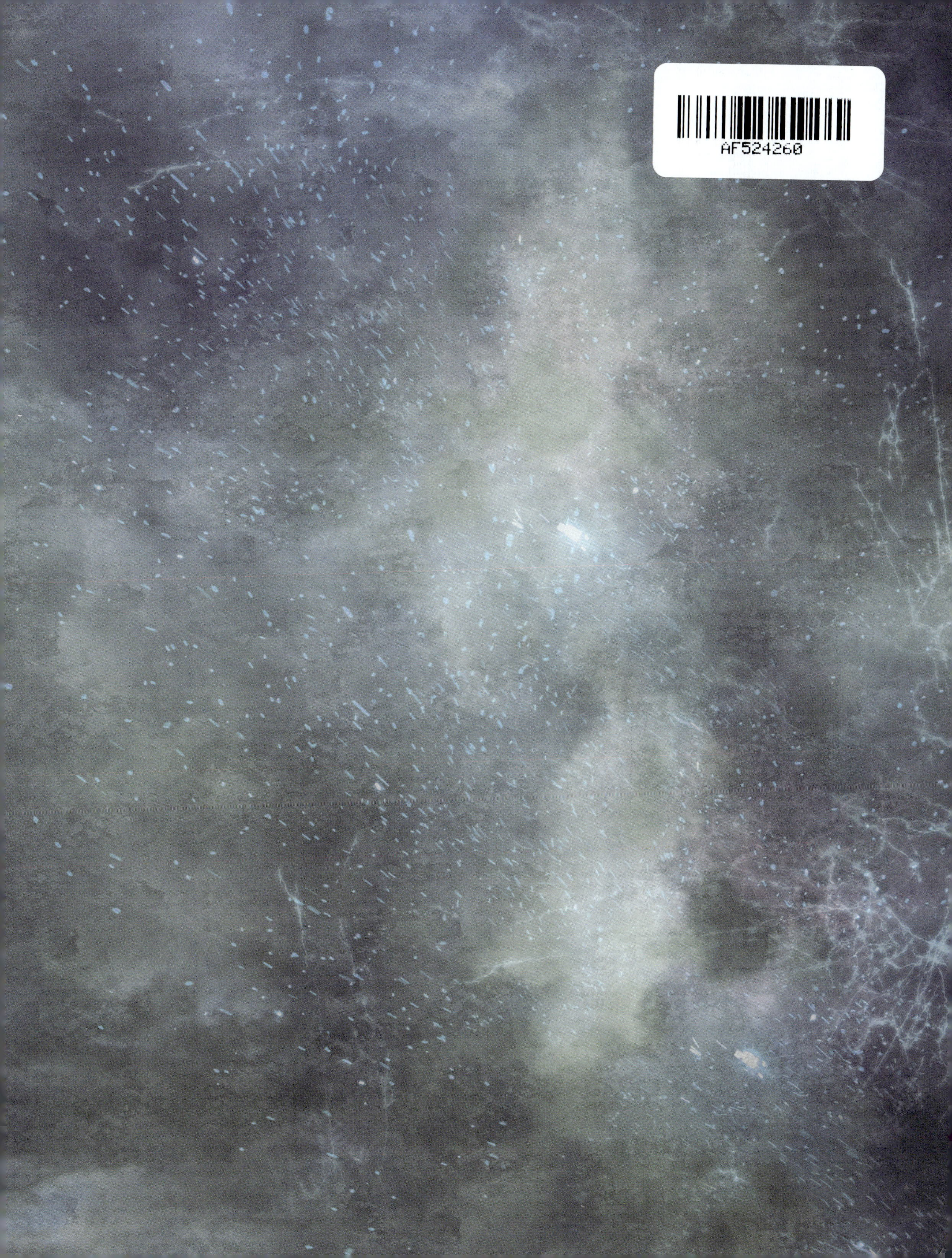

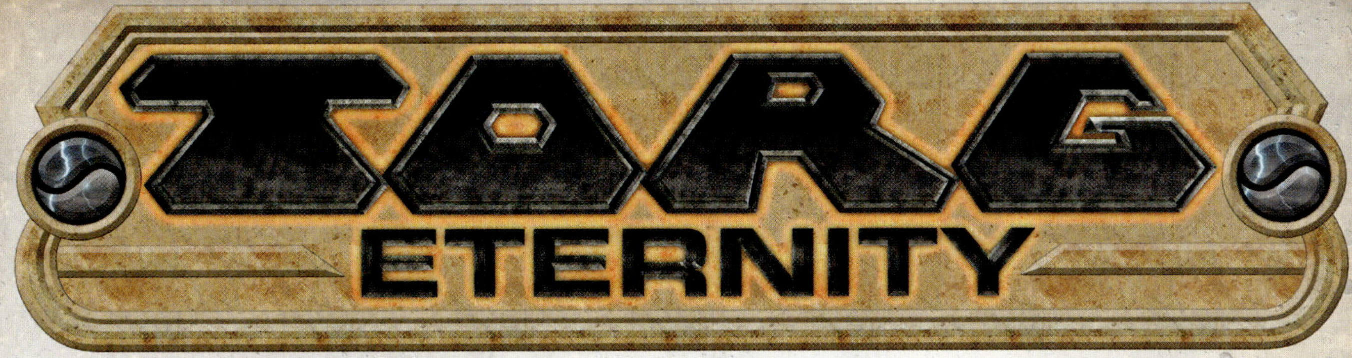

Original Design Team

Mythos and Game Design: Greg Gorden, Bill Slavicsek, & Douglas Kaufman, with Ed Stark, Greg Farshtey, Stan!, Brian Schomburg, Christopher Kubasik, Ray Winninger and Paul Murphy

Additional Concepts and Playtesting: Daniel Scott Palter, Denise Palter, Jonatha Ariadne Caspian, Michael Stern, Richard Hawran, C.J. Tramontana, Martin Wixted

Technical Assistance: Dr. Michael Fortner, Dr. George Exner

Original Logo Design: Tom Tomita

Revised & Expanded Developers: Eric Gibson, Jim Ogle, Gareth Michael Skarka, Nikola Vrtis, Stephen Marsh, Talon Dunning

Torg Eternity Design Team

Writing and Design: Shane Lacy Hensley, Darrell Hayhurst, Markus Plötz, Deanna Gilbert, Ross Watson

Contributors: Greg Gorden, Jim Ogle, Steve Kenson, Ed Stark, George Strayton, Henry Lopez, Aaron Pavao, Angus Abranson, Steven Marsh, Patrick Kapera, Bill Keyes, John Terra, James Knevitt, Jonathan Thompson, Andy Vetromile, Joseph Wolf, Jasyn Jones

Art Director: Aaron Acevedo

Graphic Design: Aaron Acevedo, Jason Engle

Playtesting: Jimmy Macias, Michael Conn, Damien Coltice, Michael Mingers, Michelle Hensley, Ron Blessing, Veronica Blessing, Scott Sizemore, Golda Lloyd, Andrew Harvey, Dale Davies, Ed Rugolo, Scott Walker, Darrell Brooks, Melvin Willis, James Dawsey, Brad Rogers, Jamal Hassan, Jeremy Dawsey

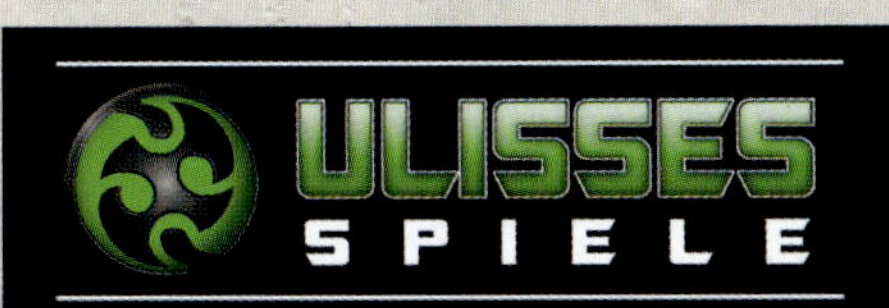

Delphi Missionen – Lebendes Land Design Team

Writing: James Dawsey, Greg Gorden, Miranda Horner, Rick Jones, Steve Kenson, Bill Keyes, Henry Lopez, Ron Lundeen, Aaron Pavao, Wendelyn Reischl, John Terra

Editing: Matthew Cutter

Art Direction: Aaron Acevedo, Maik Schmidt

Layout: Thomas Michalski, Thomas Shook

Graphic Design: Aaron Acevedo, Jason Engle, Maik Schmidt

Additional Graphic Design: Steffen Brand

Cover: Gunship Revolution, Chris Bivins, Bien Flores

Interior Illustrations: Chris Bivins, Dennis Darmody, Talon Dunning, Bien Flores, Ross Grams, Gunship Revolution, Alida Saxon, Scott Schomburg, Steve Wood

Deutsche Version

Redaktion: Thomas Michalski, Jasmin Neitzel

Deutsch von: Daniel Schumacher

Lektorat: Sonja Jüschke

Korrektorat: Nils Schürmann

Satz und Layout: Jörn Aust

Mitarbeiter Ulisses Spiele: Administration Christian Christian Elsässer, Carsten Moos, Sven Paff, Stefanie Peuser, Marlies Plötz **Marketing** Philipp Jerulank, Katharina Wagner **Verlag** Zoe Adamietz, Jörn Aust, Mirko Bader, Steffen Brand, Simon Burandt, Christiane Ebrecht, Frauke Forster, Christof Grobelski, Kai Großkordt, Nikolai Hoch, Nadine Hoffmann, Johannes Kaub, Arne Frederic Kunz, Matthias Lück, Benedict Marko, Thomas Michalski, Jasmin Neitzel, Markus Plötz, Diana Rahfoth, Nadine Schäkel, Maik Schmidt, Ulrich-Alexander Schmidt, Nils Schürmann, Alex Spohr, Jens Ullrich, Jan Wagner **Verlag USA** Robert Adducci, Bill Bridges, Timothy Brown, Darrell Hayhurst, Eric Simon, Ross Watson **Vertrieb** Florian Hering, Jan Hulverscheidt, Saskia Steltner, Stefan Tannert, Sven Timm, Anke Zimmermann

INHALTSVERZEICHNIS

ALLGEMEINE RICHTLINIE #3

Vom Arbeitstisch von Quinn Sebastian

An alle Storm Knights: Beschützen Sie die Fixpunkte der Zentralerde!

Wir kämpfen, um so viel wie möglich von unserer Welt zu bewahren, und Fixpunkte stellen die stärkste Verteidigungslinie unserer Realität dar. Die Archimedes-Abteilung hat bereits wichtige Erkenntnisse erzielt, wie dieses Phänomen funktioniert. Fixpunkte sind normalerweise mit bestimmten Gegenständen oder Gebäuden verbunden, die eine wichtige Geschichte haben und daher über eine emotionale Verbundenheit zur Zentralerde verfügen.

Dabei sind zwei Aspekte besonders wichtig: Der Abdruck kann seine Wirkung nur dann entfalten, wenn es dort Leute gibt, die sich an seine Geschichte erinnern, und man darf auf keinen Fall vergessen, dass derartige Gegenstände oder Gebäude entfernt oder zerstört werden können und dann ihre Wirkung verlieren. Die High Lords gehen konzentriert gegen die Fixpunkte unserer Realität vor, indem sie sie zerstören oder ihre Evakuierung erzwingen. Sobald eine dieser beiden Taktiken erfolgreich ist, kollabiert der Fixpunkt.

Wenn man wichtige Objekte an einen anderen Standort bringt, kann das ebenso zu einem Kollaps führen. Wenn Sie also einen neuen Fixpunkt finden, liefern Sie einen Bericht ab, damit Archimedes ihn aufnehmen kann, und lassen ihn ansonsten unbehelligt. Wenn Streitkräfte eines High Lords in der Nähe sind, dann versuchen Sie, sie auszuschalten oder vom Fixpunkt abzulenken. Wir benötigen alle Aspekte der Heimat, über die wir noch verfügen, und müssen an ihnen festhalten!

Quinn Sebastian

ALLGEMEINE RICHTLINIE #4

Vom Arbeitstisch von Quinn Sebastian

Der Delphi-Rat ist auf der Suche nach weiterführenden Informationen über den sogenannten Kult der Leere. Wir wissen zum jetzigen Zeitpunkt praktisch nichts über diese Organisation, beispielweise ob es sich um eine neue Bedrohung oder um ein potenzielles Werkzeug im Kampf gegen die High Lords handelt.

Quinn Sebastian

OPERATION LAGNIAPPE – VON WENDELYN REISCHL

COSM: LEBENDES LAND

SCHAUPLATZ: DER GOLF VON MEXIKO

„Lagniappe“ (gesprochen: Lan-jap) ist ein Wort, das hauptsächlich im südlichen Louisiana und im südöstlichen Texas verwendet wird und das für ein kleines Geschenk oder eine Dreingabe steht, die ein Händler seinem Kunden macht. Bei uns könnte man es mit dem sogenannten Bäckersdutzend vergleichen.

Der Delphi-Rat muss eine Reihe von semipermanenten Basen für Aufklärungs- und Versorgungsoperationen im Golf etablieren, die sich gerade noch außerhalb des Einflussbereiches der Realität des Lebenden Landes befinden. Die Storm Knights werden zu einem dieser Einsätze eingeteilt, wobei man davon ausgeht, dass es sich um reine Routine handeln wird. Sie schließen sich der Cajun Navy vor der Küste von Mississippi an, um eine Bohrplattform zurückzuerobern. Diese soll dann an einen günstigeren Standort verlegt werden und dort als Basis dienen. Hurrikan „Mark“ ist im Anmarsch, die Aufklärungsdaten sind spärlich und die Zeit drängt. Die Aufgabe der Storm Knights besteht darin, die Bohrplattform von Feinden zu säubern und außerdem die Norms bei ihren Vorbereitungen zu unterstützen, damit die Plattform mit einer kleinen Flotte von Schleppern verlegt werden kann. Es handelt sich um den ersten derartigen Versuch, und dieser könnte einen wichtigen Schritt darstellen, um die Waagschale zugunsten des nordamerikanischen Widerstandes im Kampf gegen Baruk Kaah zu neigen.

DELPHI-EINSATZBESPRECHUNG

Standardszene. Lies folgenden Text vor oder erzähle ihn mit deinen eigenen Worten, wenn die Charaktere ihre Befehle von einem Boten des Delphi-Rates erhalten:

„Diese verdeckte Operation erfordert, dass die Bohrplattform intakt und mit minimalen Kollateralschäden zurückerobert wird. Schäden am Rumpf würden sie für uns praktisch wertlos machen. Strukturelle Schäden oder Beschädigungen an den Standbeinen oder den Anlagen der Bohrplattform würden ihre effektive Nutzbarkeit als Basis auf dem Meer stark reduzieren. Wir schicken Feldexperten auf den Einsatz mit Ihnen. Dazu stoßen noch Bohrplattformarbeiter und die Mannschaften der Schlepper, um diesen Einsatz zu erleichtern und zu ermöglichen. Die tapferen Männer und Frauen der Cajun Navy haben sich bereiterklärt, den Delphi-Rat bei diesem Einsatz zu unterstützen, und sind dazu bereit, für dessen Erfolg große

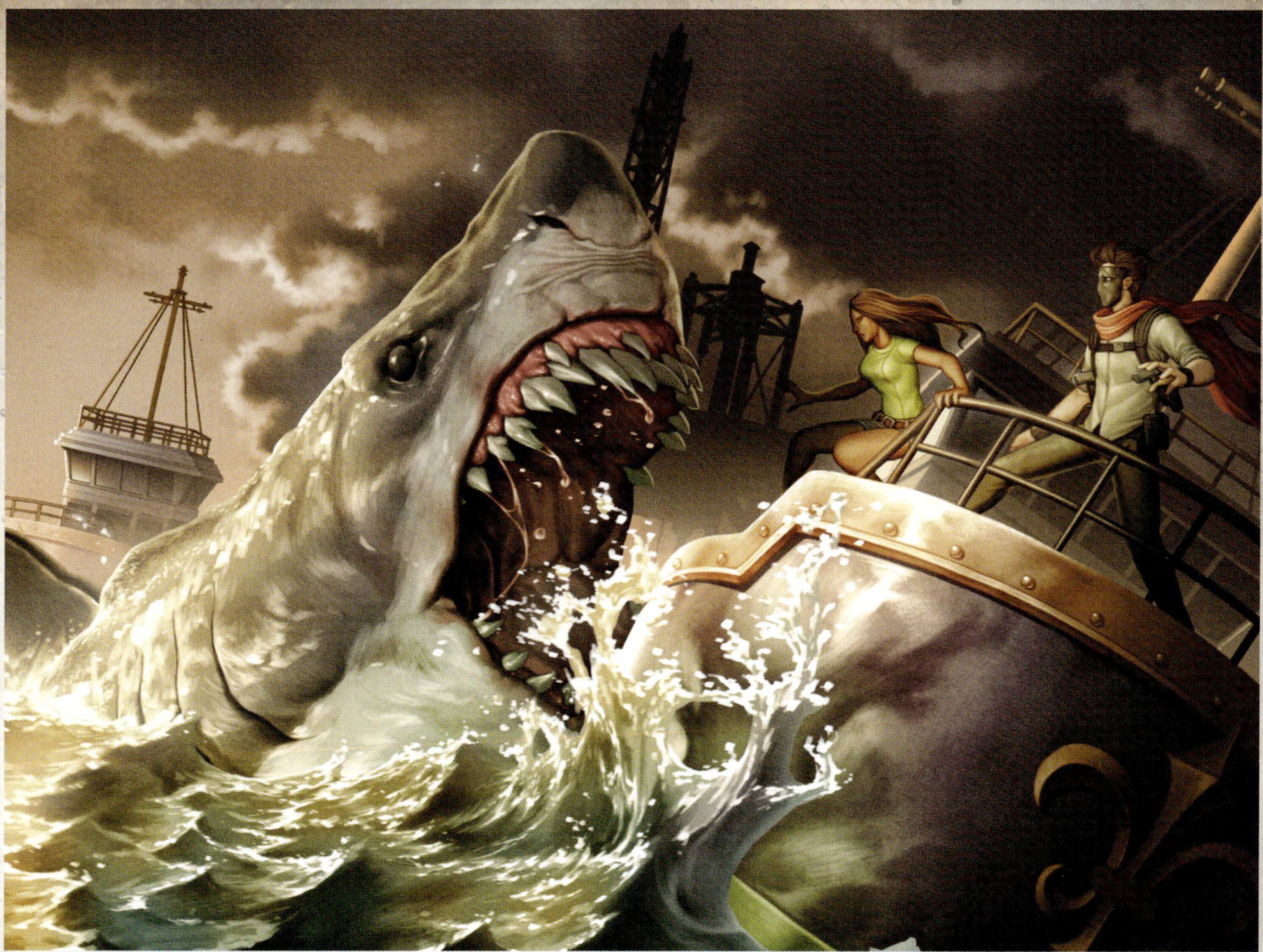

The Shroud und Anishaa sehen sich mit einem großen Problem im Golf von Mexiko konfrontiert.

Risiken einzugehen. Es ist von großer Bedeutung, dass ihre Sicherheit während des Einsatzes gewährleistet wird, nicht zuletzt um die Verbindungen des Rates zu dieser wichtigen zivilen Organisation zu stärken. Abgesehen davon, dass Sie die Mannschaften und die Bohrplattform beschützen müssen, haben Sie den Auftrag, die Sicherheit aller drei Schlepper zu gewährleisten, damit die Plattform effizient und sicher durch das vom Sturm aufgewühlte Meer transportiert werden kann.

Die zur Verfügung stehenden Aufklärungsdaten sind sehr beschränkt. Wir können Sie daher leider nicht im Vorfeld informieren, mit wem oder was sie es dort zu tun bekommen werden. Wir haben erst vor 36 Stunden von der Möglichkeit erfahren, die Bohrplattform zu bergen, aber die Berichte, über die wir verfügen, lassen darauf schließen, dass seit über einer Woche kein Funkkontakt mehr mit der Plattform besteht. Mit ‚Mark' im Anmarsch können wir nur darauf hoffen, dass die Eroberer der Plattform ebenfalls bereits von ihr geflohen sind. Wir sehen uns hier mit einem extrem knappen Zeitfenster konfrontiert. Es gilt also: jetzt oder nie."

SICH DER ÖLBOHRPLATTFORM NÄHERN

Die dreieckige Bohrplattform ruht auf drei Säulen, die aus Stahlgittern bestehen und 9 Meter weit aus dem Wasser reichen. Die Bohrplattform steht in 105 Meter tiefem Wasser, man kann sie von der Küste aus als schwarzen Fleck am Horizont oder als Lichtpunkt sehen, je nachdem welche Tageszeit es gerade ist. Die Bohrplattform ist allerdings nicht so gut beleuchtet, wie dies bei einer derartigen Anlage normalerweise der Fall ist. Achtung! Von der Plattform aus kann man völlig ungehindert in jede Richtung sehen. Wenn sich die Gruppe unbemerkt annähern will, dann muss sie mit den Schleppern in der Nacht vorrücken.

Da normalerweise immer eine Mannschaft an Bord ist, befinden sich hier beispielsweise Mannschaftsquartiere, eine Messe, ein Erholungszimmer, eine Sporthalle, eine Krankenstation, Büros und eine Wäscherei. Außerdem ist die Anlage ausgestattet mit einer Landeplattform für

BOHRPLATTFORM

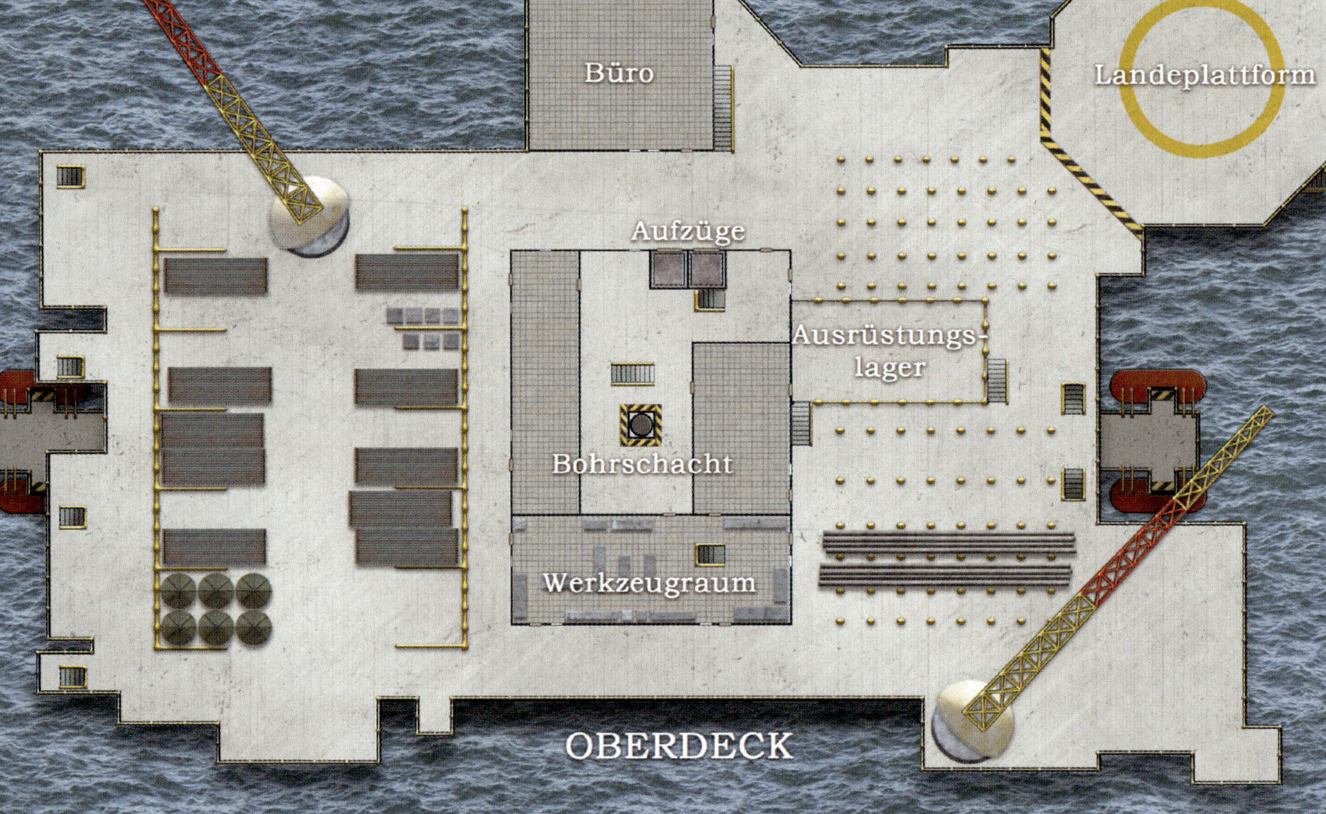

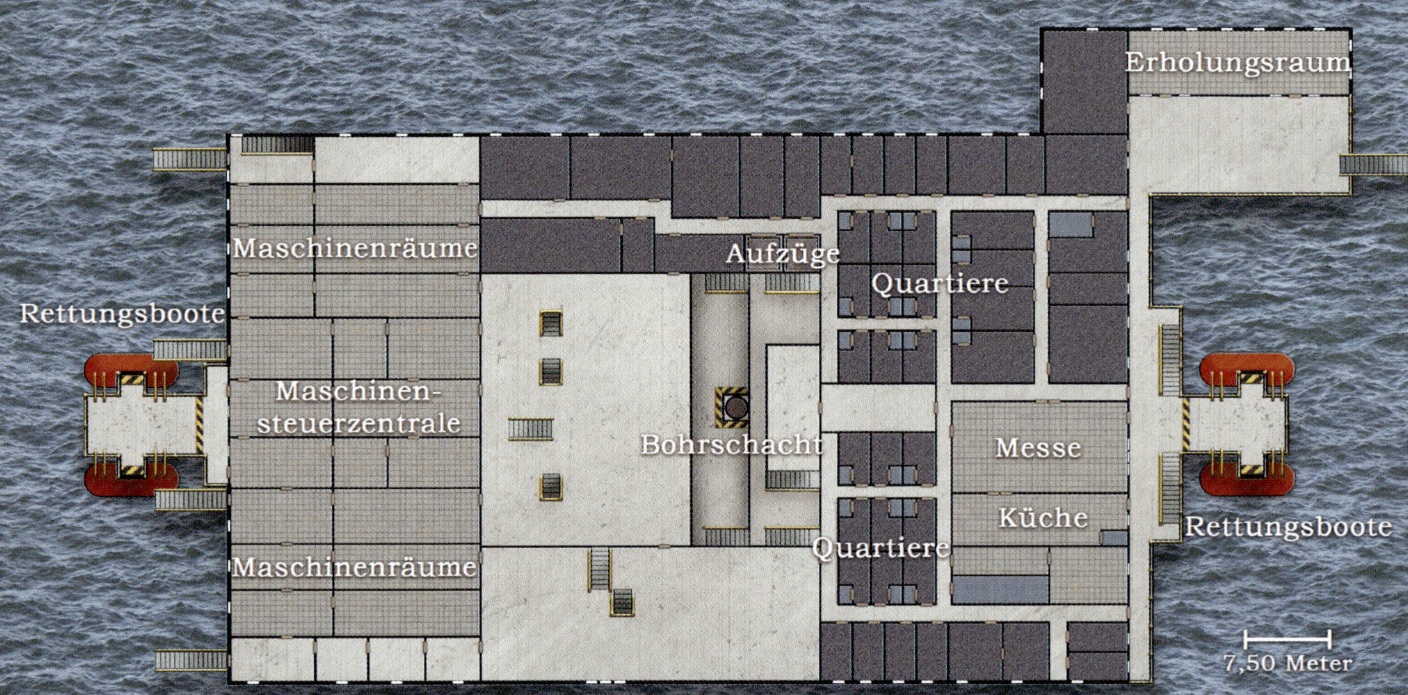

Hubschrauber (am Bug), einem Kran (am Heck), einem Fackelausleger, mit dem das überschüssige Methangas abgebrannt wird, und einem Kontrollraum, in dem alle technischen Kontrollen der ganzen Bohrplattform zusammenlaufen.

Für die Spielleiterin

Die Mission erfordert, dass die Storm Knights die Norms sicher auf die Bohrplattform bringen, damit diese die Plattform absenken und die Stützpfeiler für den Transport anheben können. Sobald das geschehen ist, können die Schlepper die Plattform in südöstliche Richtung schleppen und damit aus dem Weg von Hurrikan „Mark" bringen.

Die Bohrplattform infiltrieren

Das Team kann die Bohrplattform auf unterschiedliche Art und Weise infiltrieren, aber sie müssen zumindest einen Norm mitbringen. Nur die Norms verfügen über die notwendigen Fertigkeiten, um die Maschinerie und technischen Anlagen der Bohrplattform zu bedienen. Die Charaktere können *Heimlichkeit* einsetzen, um an Bord zu kommen, doch auch wenn alles glattläuft, werden sie spätestens dann entdeckt, wenn der Generator in Betrieb genommen wird (siehe Schritt B bei der Dramatischen Probenabwicklung).

An Bord halten sich mehrere Edeinos des Rostkieferclans auf. Diese Edeinos unterscheiden sich deutlich von anderen ihrer Art. Sie wurden zur Realität der Zentralerde transformiert und können nun mechanische Technologie verstehen und einsetzen. Die Gruppe wird von Maschinenauge angeführt, einer Gotak der Edeinos. Es befinden sich doppelt so viele Rostkiefer wie Storm Knights an Bord zuzüglich zwei weiterer Rostkiefer und Maschinenauge selbst, die sich irgendwo in den Mannschaftsquartieren aufhält.

Wenn jemand von der Plattform fällt, bevor sie abgesenkt wurde, so ist der Aufschlag auf das Wasser so hart wie ansonsten bei einem Fall aus 10 Metern Höhe auf normalen harten Untergrund. Wenn der Charakter danach noch bei Bewusstsein ist, kann er über die stählernen Pfeiler nach oben klettern und sich nach zwei Runden wieder an den Geschehnissen an Bord beteiligen, beziehungsweise wieder an einem Kampf teilnehmen, der vielleicht gerade tobt. (Siehe dazu **Sturz**, **Schwimmen** und **Ertrinken** in *Torg Eternity*.)

- **Abgehärtete Rostkiefer (2 je Held):** Siehe Seite 9.

Die Bohrplattform bewegen

Sobald die Gruppe auf dem Deck der Bohrplattform angekommen ist, fallen ihnen gleich zwei Dinge ins Auge. Der Hurrikan ist bereits wesentlich näher, als dies eigentlich der Fall sein sollte, und irgendwo schrillt ein Alarm. Benutze das Dramadeck und verwende die Regeln für **Dramatische Probenabwicklung** in *Torg Eternity*.

Einer der Norms, ein gewisser Justin „Savvy" Savoie informiert die Storm Knights gehetzt, dass hier irgendetwas absolut nicht mit rechten Dingen zugeht. Der Alarm für überhöhten Druck bedeutet, dass die Bohrung bald damit anfangen wird, leicht entzündliches Methangas und Öl auf der Plattform in einer hohen Fontäne zu verteilen. Wenn man nicht rechtzeitig einschreitet, wird vermutlich die ganze Bohrplattform dadurch abfackeln.

Schritte

Schritt A: „Savvy" sicher zum Kontrollraum bringen. Empfohlene Probe: *Geschicklichkeit* MW 12.

Schritt B: Die Bohrplattform läuft momentan nur mit Notfallstrom. Die Storm Knights müssen die Hauptgeneratoren einschalten. Empfohlene Probe: *Verstand* oder *Wissenschaft* MW 12.

Sobald Schritt B erfolgreich beendet wurde, bemerken die Edeinos auf jeden Fall, dass sich Eindringlinge an Bord befinden. Wenn sie noch nicht entdeckt wurden, ergreifen die letzten zwei Rostkiefer im Gebäude Aktionen, um die Handlungen der Charaktere zu vereiteln. Sie können dabei durchaus subtil vorgehen, und wenn sich die Charaktere nicht große Mühe geben, alle Eindringlinge aufzuspüren und auszuschalten, dann könnten diese zu einem späteren Zeitpunkt für eine böse Überraschung sorgen.

Schritt C: Die Generatoren endgültig in Betrieb nehmen. Empfohlene Probe: *Verstand* oder *Wasserfahrzeuge*. Achte darauf, dass die Fertigkeitsstufen in diesem Fall auf *Verstand* gehen und nicht auf *Geschicklichkeit*. Sobald der Generator wieder läuft, kann ein entsprechend ausgebildeter Storm Knight oder NSC die restlichen Vorbereitungen, um die Bohrplattform zu bewegen, ausführen, ohne eine weitere Probe zu würfeln.

Schritt D: Die Taue der Schlepper an der Plattform anbringen. Empfohlene Probe: *Geschicklichkeit* oder *Wasserfahrzeuge* MW 16. Die Spieler können auch andere Fertigkeiten verwenden, wenn sie gut argumentieren, aber dadurch kann sich die Schwierigkeit erhöhen. Wenn das Team bei dieser Probe zusammenarbeitet, können einzelne Gruppenmitglieder auch unterschiedliche Fertigkeiten einsetzen, sollte das sinnvoll erscheinen.

Wenn sich ein Kritisches Problem als Dilemma ereignet, wurde der Druck von der Bohrung nicht rechtzeitig abgeleitet und eine Mischung aus Öl und Methan ergießt sich aus dem Bohrloch über die Plattform und beginnt zu brennen. Die Storm Knights können das Feuer erst erfolgreich bekämpfen, sobald Schritt C beendet wurde. Andernfalls strömt ständig neues brennbares Material nach, was das Auslöschen des Feuers de facto unmöglich macht.

Wenn das Team mehrere Norms mit an Bord genommen hat, dann muss es natürlich ebenfalls für deren Sicherheit sorgen. Allerdings können die Norms den Storm Knights auch bei der Bewältigung der Probenabwicklung unter die Arme greifen. Jeder Charakter, der mit einem Norm bei einem Schritt der

Probenabwicklung bei der Operation der Plattform oder der Schlepper zusammenarbeitet, reduziert den entsprechenden MW um –2 (es kann allerdings immer nur ein Norm einem Charakter zur Hand gehen).

Sobald die Bohrplattform wieder über Energie verfügt, ist es möglich, den Kran oder die Bohrausrüstung zu verwenden. Solange die Plattform noch nicht von dem Bohrloch abgekoppelt wurde, verbrennt der große Fackelausleger, der seitlich über die Plattform ragt, das überschüssige Methangas in einer großen Flamme.

Außerdem befindet sich ein Sikorsky S-76 Helikopter auf der Landeplattform. Es handelt sich um ein unbewaffnetes Transportfahrzeug. Will man mit ihm fliegen, erfordert das Sehr Schwere Proben (MW 16) auf *Luftfahrzeuge*, da der Hurrikan bereits bedrohlich nahe ist und der Wind schon jetzt sehr stark weht.

„WIR BENÖTIGEN JEMANDEN, DER DAS TOTE DING AUF DAS ANDERE TOTE DING DREHEN KANN.“ – LEENA

WAS LAUERT IN DEN TIEFEN

Das Team senkt die Bohrplattform ab und muss dann feststellen, dass eine der tragenden Säulen feststeckt und sich nicht nach oben klappen lässt.

Solange die Säule im Wasser ist und für Widerstand sorgt, können die Schlepper die Bohrplattform nur im Schneckentempo vorwärtsbewegen. Einer der Storm Knights muss sich ins Wasser wagen, herausfinden, was das Problem ist, und das Hindernis beseitigen.

Dabei handelt es sich um einen typischen Auftrag für Storm Knight und sollten sie den Norms befehlen, sie dabei zu unterstützen, so setzen sie diese einem enormen persönlichen Risiko aus. Das aufgepeitschte Wasser, das der Hurrikan vor sich hertreibt, ist zu viel für die Norms. Wenn man einen oder mehrere von ihnen in die Fluten schickt, sehen sich die Storm Knights kurz darauf mit dem Problem konfrontiert, dass sie sie wieder retten müssen. Vermutlich sterben die Norms dabei sogar.

- **Schwimmen:** Lege eine Schwere *Schwimmen*-Probe (MW 14) aufgrund des aufgepeitschten Wassers ab.
- **Finden:** Lege eine Herausfordernde *Finden*-Probe (MW 12) ab, um das Hindernis zu finden. Bei einem Erfolg entdecken die Storm Knights ein zerfetztes Zodiac-Schlauchboot, das sich im Hebemechanismus der tragenden Säule verheddert hat. Wenn sie das Schlauchboot sorgfältig untersuchen, stellen sie fest, dass darin ein abgebrochener, enorm großer Haifischzahn steckt.
- **Geschicklichkeit/Kinese/Wissenschaft/Stärke:** Mach eine Heroische Probe (MW 18), um das Hindernis zu beseitigen. Vermutlich müssen dazu mehrere Storm Knights zusammenarbeiten und vielleicht sogar zusätzliche Werkzeuge einsetzen. Wenn die Charaktere auf die Idee kommen, das Schlauchboot mit einem Seil oder Tau mit dem Kran oder einem Schlepper zu verbinden und das Hindernis so zu entfernen, dann reduziert sich die Schwierigkeit auf Standard (MW 10).

Während die Charaktere das beschädigte Zodiac untersuchen, bemerken sie plötzlich einen sehr großen dunklen Schatten, der im Wasser unter ihnen dahingleitet. Leichen von toten Feinden, die im Wasser schwimmen (vermutlich sind sie während des Kampfes von Bord gegangen) oder das Blut von schwimmenden Charakteren, die eine oder mehrere Wunden erlitten haben, sorgen dafür, dass der Hai angelockt wird und angreift.

Haiangriff

Wenn einer oder mehrere Charaktere im Wasser sind, greift der Riesenhai an. Andernfalls eröffnet er seinen Angriff gegen die kleine Flotte, sobald diese damit beginnt, die Bohrplattform zu schleppen.

Der Hai könnte bei seinem Versuch, an die schmackhaften Leckerbissen an Bord der Schlepper zu gelangen, eines oder mehrere Schleppkabel durchtrennen. Ein derartiges Kabel verfügt über eine Wunde und Robustheit 9.

Wenn noch Rostkiefer am Leben sind, könnten diese auf dem Hai reiten oder sich auf andere Weise in den Kampf einmischen.

Wütender Megalodon

Attribute: Charisma 5, Geschicklichkeit 12, Verstand 5, Geist 10, Stärke 17
Fertigkeiten: Ausweichen 14, Einschüchtern 13, Finden 7, Manövrieren 13, Tricksen (10), Verspotten (10), Waffenloser Kampf 15
Bewegung: –; **Robustheit:** 18 (1); **Schock:** 14; **Wunden:** 4
Ausrüstung: –
Vorzüge: –
Möglichkeiten: Nie
Spezielle Fähigkeiten:
- **Biss:** Schaden *Stärke* +3/20.
- **Fressrausch:** Sobald eine Wunde verursacht wurde (entweder beim Megalodon oder bei sonst jemandem im Wasser), wird die Kreatur *Stumpfsinnig* (immun gegen *Einschüchtern*- und *Verspotten*-Aktionen) und muss in jeder Runde einen Vollen Angriff machen.
- **Rüstung:** Dicke Haut +1.
- **Schwimmen:** Bewegungswert 18 im Wasser.
- **Sehr Groß:** Diese gigantischen Haie sind 20 Meter lang und wiegen 60 Tonnen. *Angriffs*-Proben gegen sie erhalten einen Bonus von +4.

MASCHINENAUGES SCHICKSAL

Maschinenauge hat nicht vor, sich den Storm Knights direkt zu stellen und bis zu ihrem Tod zu kämpfen. Ihr Ziel besteht darin, zu entkommen und ihre Arbeit fortzusetzen. Die „leuchtende Insel" hat ihre Neugierde geweckt und sich als gut ausgerüsteter Ort erwiesen, an dem sie ihre Arbeit ausführen konnte. Sobald die Plattform abgesenkt wurde oder es zum Haiangriff kommt, versucht Maschinenauge zu fliehen.

Es befindet sich ein zweites Zodiac-Schlauchboot an der Bohrplattform, das mit einer Leine vertäut ist. Wenn Zeit ist, zieht sie das Boot an die Plattform heran und besteigt es. Andernfalls springt sie einfach ins Wasser und schwimmt zum Boot. Wenn die Charaktere versuchen, ihre Flucht zu verhindern, dann setzt sie ihre Wunder gegen sie ein. Sie konzentriert sich aber hauptsächlich darauf, für eine Ablenkung zu sorgen, damit sie erfolgreich fliehen kann.

Sie wäre zweifellos eine wertvolle Verbündete für den Delphi-Rat, wenn man sie dazu bringen könnte, sich der Sache der Storm Knights anzuschließen, da sie viel von den Eroberungsplänen von Baruk Kaah weiß. Wenn sie gefangen genommen wird, kann man Proben auf *Einschüchtern* oder *Überreden* nutzen, um sie dazu zu bringen, ihre Pläne zu verraten. Wie viel sie dabei enthüllt, ist vom erzielten Erfolg auf diese Proben abhängig.

Bei einem Standarderfolg kann sie Dinge, die die Charaktere schon länger vermutet haben, bestätigen oder eindeutig widerlegen. Bei einem Guten Erfolg enthüllt sie ihre Pläne, mechanische Geräte einzusetzen, um sich vom Lebenden Land zu lösen. Bei einem Hervorragenden Erfolg enthüllt sie, dass es sich bei den Rostkiefern um eine Fraktion von Renegaten handelt, die gegen Baruk Kaah eingestellt sind. Maschinenauge möchte ihr Volk über dessen Grenzen hinaus erheben und mehr über die Zentralerde in Erfahrung bringen. Es gibt Hinweise, dass sie durchaus dazu bereit wäre, weiteren Widerstand gegen Baruk Kaah zu organisieren.

Wenn sie flüchtet oder getötet wird, kann man einen Teil ihres Plans anhand der Aufzeichnungen auf einem Smartphone aufdecken. Diese wurden von einem inzwischen verstorbenen ehemaligen Besatzungsmitglied der Bohrplattform gemacht. Jede Aufzeichnung ist auf Edeinos gesprochen, kann aber von jemandem, der die Sprache kennt, leicht übersetzt werden. Ein Charakter, der nach weiteren Informationen sucht, kann eine Schwere *Computer*-Probe ablegen (MW 14). Dadurch findet er diese Aufzeichnungen entweder auf einem Smartphone oder als Backup auf dem Computersystem der Plattform. Da der Bohrplattformarbeiter, der die Aufzeichnungen gemacht hat, keine Ahnung davon hatte, was da gesprochen wurde, solltest du den Erfolg der *Computer*-Probe gleich behandeln wie die oben beschriebenen Resultate einer *Einschüchtern-/Überreden*-Probe, um zu ermitteln, wie viele wichtige Details die Aufzeichnungen enthalten oder eben auch nicht.

NACH DEM KAMPF

Die Bohrplattform ist kopflastig, wenn man die Stützsäulen nach oben klappt. Wenn man daher versucht, sie mit weniger als allen Schleppern zu schleppen, oder nicht alle Taue verbunden sind, dann beginnt sie zu kippen. In einer derartigen Situation verbleiben dem Team noch 5 Runden, um irgendwelche Maßnahmen zu ergreifen, bevor sie endgültig kentert. (Die Charaktere könnten beispielsweise versuchen, die durchtrennten Taue wieder anzubringen oder die Stützsäulen hastig senken.)

DIE LEICHEN UNTERSUCHEN

In der Hitze des Gefechts haben sich die Charaktere vielleicht gar keine großen Gedanken über die Modifikationen der Rostkiefer gemacht. Doch wenn die Charaktere die Leichen untersuchen, stellen sie sofort fest, dass ihre Kiefer ersetzt wurden.

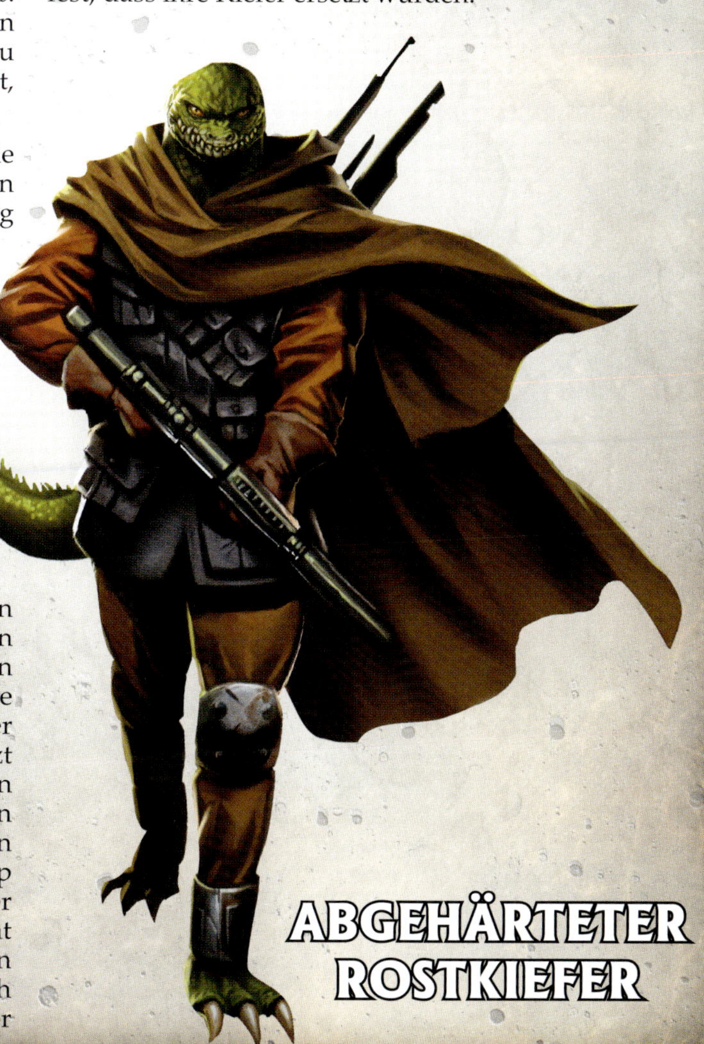

ABGEHÄRTETER ROSTKIEFER

Wenn die Storm Knights die Mannschaftsquartiere oder die Büros durchsuchen, dann kommen sie zu dem Schluss, dass die Edeinos seit ein oder zwei Wochen hier leben. Es gibt Zeichen eines Kampfes, aber keine Spuren von den Arbeitern der Bohrplattform, außer man untersucht die Kombüse sorgfältig. Die Krankenstation wurde benutzt.

ERFOLG

Die Bohrplattform wurde erfolgreich gesichert. Wenn es dem Team gelingt, die Plattform wieder in Besitz zu nehmen und aus dem Pfad des Hurrikans zu ziehen, dann fordert der Delphi-Rat sie auf, ihr einen eigenen Namen zu geben, unter dem sie fortan als vorgelagerte Basis vor der Küste dienen soll. Immerhin ist es den Storm Knights gerade gelungen, eine Ressource, die einen Wert von über 200 Millionen Dollar hat, erfolgreich zu retten.

- **Einer oder mehrere Edeinos sind entkommen:** Entflohene Rostkiefer flüchten in die Altwasser und Sümpfe entlang der Küste und planen ihren nächsten Schritt. Wenn Maschinenauge getötet wurde, aber Taten von ihren Arbeiten die anderen Gotaks erreichen, dann wird sie zu einer Volksheldin. Es kann gut sein, dass andere Gotaks versuchen werden, ihre Arbeit nachzuahmen.
- **Alle Edeinos wurden eliminiert:** Dem Team ist es nicht nur gelungen, eine wichtige Ressource zu bergen, sondern es ist ihm außerdem gelungen, die Verlagerung der Bohrplattform geheim zu halten. Dies ist ein wichtiger Schritt bei den ersten Versuchen, die weitere Ausbreitung des Lebenden Landes zu verhindern.
- **Maschinenauge wurde gefangen genommen und alle anderen Edeinos wurden ebenfalls gefangen oder eliminiert:** Der Delphi-Rat ist überaus zufrieden mit der Arbeit der Storm Knights. Er beginnt damit, Maschinenauge und vielleicht sogar andere Rostkiefer für seine Sache zu gewinnen. Wenn die Plattform an ihrem zukünftigen Standort in Betrieb genommen wurde, werden die Helden von Troy, dem Koch der Cajuns, zu einem großen Festschmaus eingeladen, bei dem es Langusten gibt. Der Rat gewährt dem Team eine ausführliche Rast. Anschließend dürfen sie sich einen „Gefallen" von Quinn Sebastian erbitten.

FEHLSCHLAG

Wenn die Bohrplattform kentert oder schwere Beschädigungen erleidet, dann zählt der Einsatz als Fehlschlag. Der Delphi-Rat ist von dem Team schwer enttäuscht. Bei der Bohrplattform hat es sich um eine Ressource im Wert von über 200 Millionen Dollar gehandelt, die außerdem extrem wichtig gewesen wäre, um den Widerstand gegen Baruk Kaah auf eine bessere Basis zu stellen. Zahlreiche andere Plattformen sind bereits zerstört worden, da sie nun innerhalb des Lebenden Landes liegen. Das Ganze lastet schwer auf dem Team und man wird ihnen bei ihrem nächsten Einsatz ganz genau auf die Finger schauen und sicherstellen, dass ihnen dieses Mal kein Fehler unterläuft.

Wenn Maschinenauge und andere Rostkiefer entkommen, dann erhält der neue Clan immer mehr Zuspruch und beansprucht sein eigenes Territorium auf dem Gebiet der Zentralerde. Bei den Überfällen der Rostkiefer in Nordamerika kommen dann Fahrzeuge und zunehmend fortschrittliche Technologie zum Einsatz, während sich der Clan immer besser an den Einsatz von Technologie gewöhnt. Effektiv handelt es sich bei dieser Fraktion um einen Joker, die sowohl zum Hindernis als auch zum Vorteil für Baruk Kaah werden könnte.

„JETZT VERWENDEN SIE SCHON KNARREN? ALS OB SIE NICHT SCHLIMM GENUG GEWESEN WÄREN, ALS SIE SICH NOCH AUF SPITZE STÖCKE BESCHRÄNKT HABEN." – ZHI ZHANG

FAHRZEUGE UND BEDROHUNGEN

MASCHINENAUGE

Maschinenauge ist eine potenziell wichtige Anführerin von einem Clan von abtrünnigen Edeinos. Ihre Vision ist es, die Edeinos über ihre Beschränkungen zu erheben, indem sie die Technologie der Zentralerde an ihre Bedürfnisse anpasst, um dann ein Territorium für ihre Rostkiefer zu beanspruchen. Deswegen versucht sie, Technologie besser zu verstehen, vor allem wie man die Angehörigen ihres eigenen Volkes mechanisieren kann, damit sie dem Einfluss von Baruk Kaah entkommen können. Sie hat ihr oberflächliches mechanisches Wissen bereits genutzt, um die Elitekrieger, die sich ihr angeschlossen haben, zu modifizieren. Eine derartige Verschmelzung von Metall mit lebendem Fleisch ist in den Augen Lanalas ein Frevel. Aus diesem Grund können ihre Clanmitglieder nicht mehr ins Lebende Land zurückkehren, da dort ihre veränderten Körper versagen würden. Sie hätte nichts gegen eine Allianz gegen Baruk Kaah einzuwenden, doch schlussendlich liegen ihr die Interessen ihrer Rostkiefer besonders am Herzen.

Attribute: Charisma 7, Geschicklichkeit 9, Verstand 10, Geist 11, Stärke 10
Fertigkeiten: Ausweichen 10, Einschüchtern 13, Feuerwaffen 10, Finden 8, Glauben 14, Manövrieren 11, Nahkampfwaffen 11, Realität 12, Überlebenskunst 9, Waffenloser Kampf 11
Bewegung: 9; **Robustheit:** 14 (4); **Schock:** 11; **Wunden:** 3

Ausrüstung: 45er Colt Automatic (Schaden 13), Kevlarweste (Rüstung +4)
Vorzüge: Wunderwirker (*Feind abwehren, Segnen, Verfluchen*)
Möglichkeiten: 3
Spezielle Fähigkeiten:
- **Biss/Krallen:** Schaden *Stärke* +2/12.

ABGEHÄRTETER ROSTKIEFER

Dieser ehemalige Angehörige der Rotkiefer wurde durch Maschinenauge modifiziert, die das Fleisch von Edeinos mit Metall verschmelzen und so einen neuen Clan erschaffen will: die Rostkiefer. Die Mitglieder lassen sich leicht an ihren metallischen Kiefern und ihren spitzen Metallzähnen erkennen. Rostiger Speichel hat dafür gesorgt, dass der Bereich rund um ihre Mäuler rot gefärbt ist.

Attribute: Charisma 8, Geschicklichkeit 10 (–1), Verstand 9, Geist 11, Stärke 12
Fertigkeiten: Ausweichen 12, Einschüchtern 12, Feuerwaffen 12, Finden 8, Glauben 12, Heimlichkeit 12, Manövrieren 12, Nahkampfwaffen 14, Reiten 12, Spurenlesen 8, Tricksen 11, Überlebenskunst 8, Waffenloser Kampf 13
Bewegung: 11; **Robustheit:** 16 (4); **Schock:** 11; **Wunden:** 1
Ausrüstung: 308er Jagdgewehr (Schaden 13), Kevlarweste (Rüstung +4)
Vorzüge: Peitschenschwanz, Sternenaugen
Möglichkeiten: Häufig (2)
Spezielle Fähigkeiten:
- **Biss/Krallen:** Verfügt über einen Metallkiefer und verbesserte, mit Metall überzogene Krallen. Schaden *Stärke* +3/15.
- **Eisenschwanz:** Stahlkabel sind im Schwanz unter der Haut integriert. Schaden *Stärke* +1/13.
- **Heavy Metal:** Alle *Schwimmen*-Proben werden mit MW +2 ausgeführt, da der Rostkiefer aufgrund des Metalls in seinem Körper deutlich schwerer ist.

MANNSCHAFT FÜR DIE BOHRPLATTFORM UND SCHLEPPER

Hierbei handelt es sich um Profis, die sich freiwillig für die gefährliche Mission gemeldet haben und allesamt hochmotiviert sind. Ihre Namen lauten: Justin „Savvy" Savoie, Michelle Kelley, Raymond Smith, Shaw Yazzie, Dickie Eberhardt, Laura Ikerd, Chip LaLuz, Elaine Ramirez, Troy Dolan und Lorelei Bonin.

Attribute: Charisma 7, Geschicklichkeit 7, Verstand 9, Geist 8, Stärke 8
Fertigkeiten: Ausweichen 8, Finden 8, Feuerwaffen 8, Einschüchtern 8, Nahkampfwaffen 8, Wissenschaft 10, Verspotten 8, Waffenloser Kampf 8, Wasserfahrzeuge 9
Bewegung: 7; **Robustheit:** 11 (3); **Schock:** 8; **Wunden:** —
Ausrüstung: 9mm Pistole (Schaden 13), Stichschutzweste (Rüstung +3)
Vorzüge: —
Möglichkeiten: Niemals
Spezielle Fähigkeiten: —

SCHLEPPER

Die Maschinen eines Schleppers erzeugen eine große Menge an Energie. Wenn das Schiff gerade kein anderes Fahrzeug zieht oder schiebt, kann es sich erstaunlich schnell bewegen.

Höchstgeschwindigkeit: 40 km/h (10); **Robustheit:** 18; **Wunden:** 3
- **Manövrierfähigkeit:** Malus von –2 auf *Wasserfahrzeuge* für Verteidigung oder Verfolgungsjagden.
- **Passagiere:** 18.
- **Sehr Groß:** Angriffe gegen den Schlepper erfolgen aufgrund der Größe mit einem Bonus von +4 zum Treffen.
- **Verstärkt:** Ein Schlepper erhält zusätzlich +5 Robustheit gegen Kollisionen.

BOHRPLATTFORM

Die Bohrplattform verfügt selbst über keinen Antrieb und muss von anderen Fahrzeugen gezogen werden, damit sie eine andere Position einnehmen kann.

Höchstgeschwindigkeit: 0 km/h (0); **Robustheit:** 22; **Wunden:** 5
- **Manövrierfähigkeit:** Malus von –6 auf *Wasserfahrzeuge* für Verteidigung oder Verfolgungsjagden, wenn sie über eine äußere Antriebsmöglichkeit verfügt.
- **Passagiere:** 50.
- **Schnell:** Die Geschwindigkeit gewährt der Plattform +2, um Schritte bei einer Verfolgungsjagd zu beenden, und Gegnern einen Malus von –2 zum Treffen.
- **Sehr Groß:** Angriffe gegen die Plattform erfolgen aufgrund der Größe mit einem Bonus von +4 zum Treffen.

SIKORSKY S-76

Dieser zivile Passagierhelikopter ist schon seit langer Zeit auf der Bohrplattform stationiert und war ungeschützt Wind und Wetter ausgesetzt, seitdem die Edeinos die Herrschaft über die Plattform übernommen haben. Vielleicht muss man ihn erst warten, bevor man ihn in Betrieb nehmen kann. Benutze eine Probe auf *Luftfahrzeuge*, die auf *Verstand* statt auf *Geschicklichkeit* basiert, um ihn wieder in Betrieb zu nehmen.

Höchstgeschwindigkeit: 280 km/h (14); **Robustheit:** 17; **Wunden:** 3
- **Manövrierfähigkeit:** Malus von –2 auf *Luftfahrzeuge* für Verteidigung oder Verfolgungsjagden.
- **Passagiere:** 8.
- **Schnell:** Die Geschwindigkeit des Hubschraubers gewährt ihm +2, um Schritte bei einer Verfolgungsjagd zu beenden, und Gegnern einen Malus von –2 zum Treffen.
- **Sehr Groß:** Angriffe gegen den Helikopter erfolgen aufgrund der Größe mit einem Bonus von +4 zum Treffen.

FLUCHT AUS DER TIEFE

– VON JAMES DAWSEY

COSM: LEBENDES LAND

SCHAUPLATZ: LAKE LANIER, GEORGIA

Dieses Abenteuer geht davon aus, dass sich die Helden tief im Lebenden Land aufhalten, allerdings momentan viel Zeit in einer Verlorenen Welt verbringen. Du könntest die Verlorene Welt an einen vertrauten Schauplatz in der echten Welt verlegen. Dabei könnte es sich beispielsweise um einen bekannten See in deiner Lieblingsstadt handeln. Effektiv funktioniert jede große Wassermasse, die die Helden als Eingang in die Verlorene Welt nutzen können.

Die Storm Knights befinden sich tief hinter den feindlichen Linien und haben sich mit zwei Verbündeten getroffen, die ihre Hilfe benötigen: Megan Darrow, eine einfallsreiche Reporterin, und ihre Freundin Dahwen, eine Edeinos des Blaugratclans, die als ihre Führerin fungiert. Dahwen (oder Dwayne für ihre Freunde) hat die Helden zu einem See geführt, der von sumpfigem Gelände umgeben ist.

DELPHI-EINSATZBESPRECHUNG

Standardszene. Megan Darrow, die auch als Agentin des Delphi-Rates tätig ist, hat um Hilfe bei einem Einsatz gebeten, bei dem es unter anderem um die Bergung eines Ewigkeitssplitters geht. Die Storm Knights müssen den See betreten, etliche sehr territoriale Dinosaurier bezwingen oder umgehen und in ein Höhlennetzwerk vordringen.

Dahwen ist es gelungen, aus der Verlorenen Welt zu entkommen, die mit einem großen unterirdischen Netzwerk von überfluteten Tunneln verbunden ist. Sie hat genügend Tieftang gesammelt, mit dessen Hilfe ihre Freunde entkommen können. Sie benötigt allerdings die Hilfe der Storm Knights, um die Zivilisten irgendwie an dem Megaraubtier vorbei zu schaffen, das den Ewigkeitssplitter bewacht.

Wenn die Charaktere am Schauplatz des Abenteuers eintreffen, werden sie von Megan begrüßt. Dann zeigt sie auf den See und gibt den Storm Knights eine kurze Zusammenfassung der Lage:

„Sehen Sie das rote und blaue Leuchten unter dem Wasser? Unter der Oberfläche befindet sich der Eingang zu einer Verlorenen Welt. Wir müssen uns beeilen. Verlorene Welten haben selten lange Bestand. Mit ein wenig Glück sind unsere Freunde noch immer dort, aber wir haben keine Ahnung, wie lange sie noch in Sicherheit sind. Außerdem gilt es, einen Ewigkeitssplitter zu bergen. Alles in allem haben wir also wirklich keine Zeit zu vergeuden."

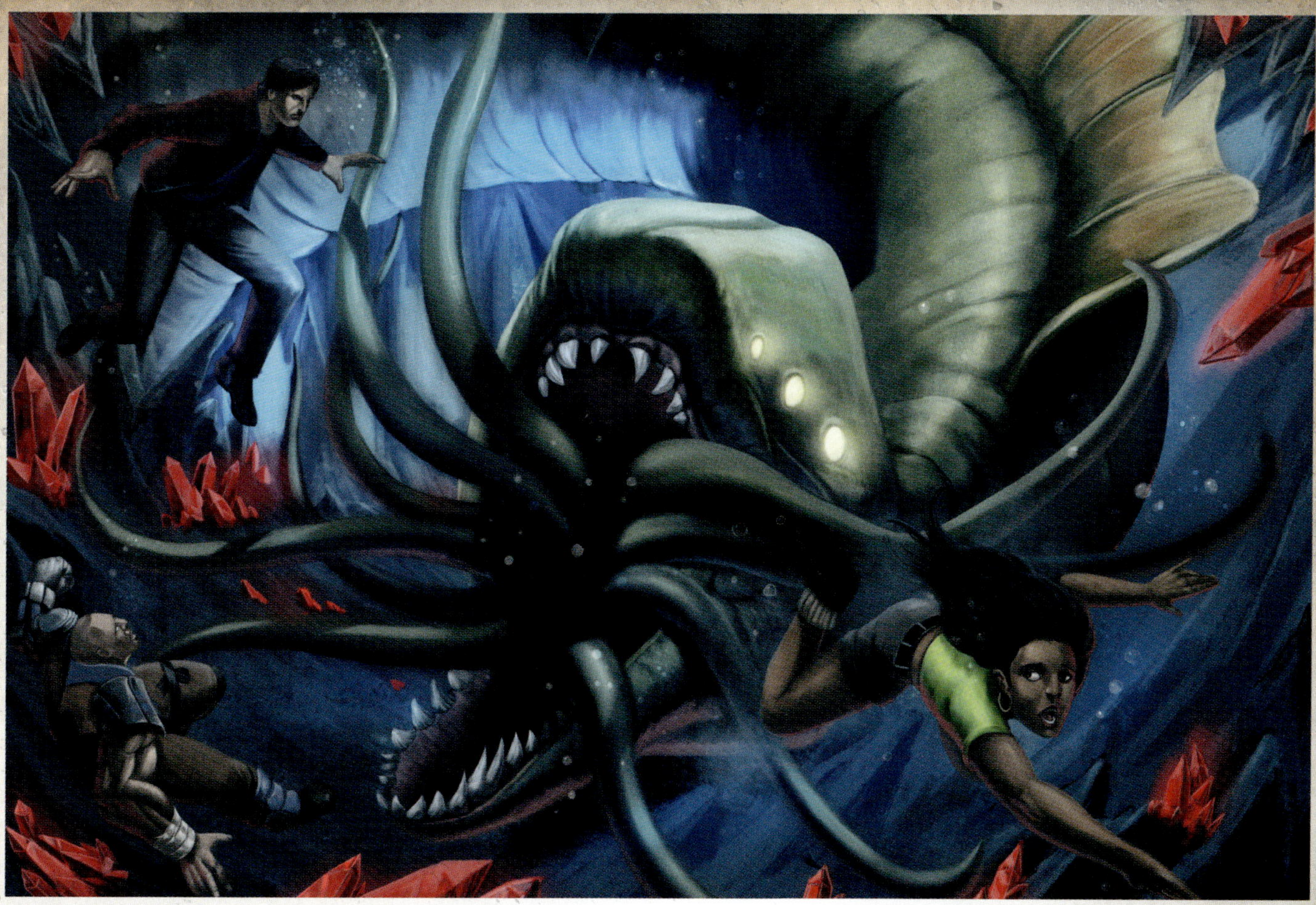

Was lauert im dunklen Wasser unter der Oberfläche?

Megan und Dahwen können die Fragen der Storm Knights abwechselnd beantworten. Sie wissen auf jeden Fall folgende Dinge:

- Dahwen hat geholfen, eine Gruppe von Zivilisten zu retten, die sich hinter den feindlichen Linien befunden haben. Sie ist dabei auf ein unterirdisches Netzwerk von Tunneln gestoßen, das zu einer Verlorenen Welt führt.
- Die Zivilisten (es handelt sich um eine Gruppe von Biologen, die von Soldaten eskortiert werden) sind dort gefangen, da der Eingang bei der Erforschung eingestürzt ist.
- Der Eingang, durch den Dahwen selbst entkommen ist, ist überflutet. Deswegen muss Dahwen den Zivilisten erst Tieftang bringen, damit sie die Tunnel sicher verlassen können.
- Dahwen hat den Tieftang gesammelt, nachdem sie aus den Tunneln entkommen ist, und zwar noch vor dem Zusammentreffen mit den Storm Knights.
- Alle Höhleneingänge sind entweder eingestürzt oder überflutet, doch es gibt eine große Kristallhöhle im Tunnelnetzwerk, die sich in eine Verlorene Welt öffnet.
- Die Verlorene Welt öffnet sich zu einer Ruine unter dem Meer, in der sich ein uraltes Schiffswrack der Zentralerde befindet.
- Auf dem Schiffswrack befindet sich ohne Zweifel ein Ewigkeitssplitter, doch das Wrack wird von einem gigantischen Megaraubtier bewacht. Eine der Zivilisten hat dem Raubtier nach der alten griechischen Sage den treffenden Namen „Scylla" gegeben.

KILLERKROKODILE

Standardszene. Nachdem die Helden den Tieftang zu sich genommen haben, führt sie Dahwen zum See. Im See befindet sich eine Familie von sehr territorialen Krokodilen, die rasch auftauchen und jeden im flachen Wasser angreifen. Sobald die Helden das Wasser betreten, sollten sie eine vergleichende Probe auf *Finden* gegen eine Probe auf *Heimlichkeit* der Krokodile (MW 8) machen. Jeder Held, der scheitert, ist überrascht, wenn die Krokodile angreifen.

- **Krokodile (2 je Held):** Siehe *Torg Eternity*.

Sobald die Charaktere eindeutig die Überhand erlangt haben, fliehen die verbleibenden Kreaturen und verziehen sich an das gegenüberliegende Ende des Sees.

TIEFTANG

Tieftang ist eine Pflanze, die an Seetang erinnert. Sie wird von den Edeinos des Blaugratclans dazu verwendet, um ihre Körper an das Leben unter Wasser anzupassen, sodass sie lange Zeit unter Wasser atmen können.

Die Blaugrate haben diese Pflanze so lange benutzt, dass sie sie eines Tages nicht mehr benötigten und diese Fähigkeit praktisch zu einem natürlichen Bestandteil ihrer Physiologie geworden war. Angehörige anderer Spezies können die Pflanze allerdings bei Bedarf kauen und so mit geringen Nebenwirkungen lange Zeit unter Wasser atmen.

Wenn man eine Handvoll der beinahe gummiartigen Blätter kaut, kann man acht Sunden lang ungehindert unter Wasser atmen, bevor man eine zweite Dosis benötigt. Während das Kraut wirkt, erleidet man allerdings +1 Schock durch jeden Ermüdungseffekt.

Wenn das Team versucht, an den Krokodilen vorbei zu schwimmen, ohne gegen sie zu kämpfen, dann versuchen die Krokodile die Storm Knights mit ihren mächtigen Kiefern zu packen und zu zerreißen. Die Krokodile sind vermutlich wesentlich bessere Schwimmer als die meisten Charaktere und daher ist die Taktik, sie im Wasser auszumanövrieren, ziemlich sicher zum Scheitern verurteilt.

DER KRISTALLTUNNEL

Standardszene. Am Boden des trüben Sees lockt ein schillerndes rotes und blaues Licht die Helden an. Der Eingang zu der Verlorenen Welt ist eine große, künstlich aussehende Höhle unter Wasser, deren Wände mit leuchtenden Kristallen geschmückt sind. Lies folgenden Text vor:

Am Boden des Sees gibt es einen seltsamen kreisförmigen Eingang, der in einen leuchtenden Tunnel führt. Wenn man durch den Eingang schwimmt, spürt man, wie sich die Realität auf subtile Weise verschiebt. Während ihr in die Kristallhöhle nach unten schwimmt, werdet ihr von einem Gefühl des Schwindels gepackt. Doch Dahwen winkt euch einfach weiter. Ihr folgt ihr und dabei verändert sich auf einmal auch eure Wahrnehmung darüber, was oben und was unten ist. Ohne eure Bewegungsrichtung geändert zu haben, schwimmt ihr auf einmal im Tunnel nach oben. Ihr taucht in einer teilweise überfluteten Kammer auf, die aus glattem, kalkweißen Gestein geschnitten ist. In den Wänden befinden sich lange Kristallfenster. Schimmerndes Licht strömt durch die Fenster, durch die ihr in einen fremdartigen Ozean blicken könnt. Rotes und blaues Licht flackert oberhalb des Meeres, und ihr könnt einen fernen Realitätssturm spüren, der dort zu toben scheint.

Der Kristalltunnel führt weiter nach oben bis zu einem Sims unter dem fremdartigen Meer. Während die Helden weitereilen, sehen sie einen gigantischen Schatten, der durch den Spalt nach oben schwimmt, der parallel zu dem Tunnel verläuft. Es handelt sich um einen gigantischen Aal, der wohl mindestens 30 Meter lang ist. Sein Kopf ist so groß wie ein ganzer Traktor. Wenn die Storm Knights versuchen, nicht aufzufallen, dann müssen sie eine vergleichende Probe auf *Heimlichkeit* gegen Scyllas *Finden* (MW 8) würfeln. Wenn die Kreatur sie bemerkt, donnert sie mit ihrem Kopf gegen das Fenster, wodurch es sich mit Sprüngen überzieht.

Wenn sie die Helden nicht bemerkt, werden diese dennoch von einem Gefühl der schrecklichen Bedrohung gepackt, während sie an ihnen vorbei schwimmt. Die Kreatur scheint von einer sehr bösen Macht erfüllt zu sein.

Es ist entweder eine direkte Folge von Scyllas Angriff oder eine Folge der gigantischen Druckwelle, die sie erzeugt hat, als sie vorbeigeschwommen ist. Auf jeden Fall spüren die Helden eine Erschütterung unter ihren Füßen und die Höhle beginnt einzustürzen. Behandle den Einsturz als einen Explosionsangriff, wobei die Helden versuchen, hastig eine Deckung zu erreichen, um nicht zerquetscht zu werden. Jeder Held, der bei einer *Geschicklichkeits*-Probe scheitert, erleidet 12 + 1 BW Schaden durch herabstürzende Felsen.

Der Tunnel hinter ihnen ist dadurch nicht versiegelt, doch es wird immer gefährlicher, noch länger hier zu verweilen.

„Kommt, Storm Knights! Die Verlorene Welt wird nicht mehr lange Bestand haben! Unsere Freunde sind im Observatorium, das direkt vor uns liegt."

JENSEITS DER KRISTALLKUPPEL

Die Helden kommen in einen großen Kristallraum mit einer Kuppeldecke, in dem die Zivilisten ihr Lager aufgeschlagen haben. Es gibt mehrere Tunnel, die aus dieser zentralen Kammer führen, doch sie scheinen alle verschüttet zu sein. Durch die Kuppel selbst kann man auf seltsame zyklopische Ruinen und ein altes Schiffswrack blicken. Jenseits des Schiffs befindet sich ein kochendes, blubberndes Portal unter dem Meer. Mit einem Fernrohr oder Fernglas kann man versuchen, durch das Portal zu blicken. Dadurch kann man einen Blick auf das Ufer des Sees erhaschen, von dem das Team ursprünglich gekommen ist.

In der Mitte der Kammer befindet sich ein großes Mondbecken. Dieser Eingang im Boden ermöglicht einen direkten Zugang zum Ozean und den Ruinen, er ist effektiv auch der einzige verbleibende Ausgang aus dem Raum. Eine mysteriöse Kraft sorgt dafür, dass das Wasser von draußen nicht in die Kammer gedrückt wird und sie überflutet, obwohl sich der Raum doch unter der Meeresoberfläche befindet und sich daher eigentlich mit Wasser füllen müsste.

In dem improvisierten Lager befindet sich ein Zivilist je zwei Helden. Einer davon macht sich gerade eifrig Notizen in einem Moleskin-Notizbuch. Der Mann ist ein Biologe, der sein Notizbuch hastig mit Beobachtungen über die fremde Welt außerhalb der Kuppel füllt. Sein Name ist Doktor Andrew Cheney und er ist verdammt aufgeregt. Er nimmt sich kaum die Zeit, sich selbst vorzustellen, und versucht, seine Funde begeistert zu erklären. Dabei zeigt er aus dem Fenster und gestikuliert hastig. Megan tritt ebenfalls zum Fenster, um nach draußen zu blicken.

„Seht! Seht doch nur! Diese Steine sind nicht natürlichen Ursprungs. Ruinen irgendeiner Herkunft! Und das Schiff da. Ein Piratenschiff von der Erde, das mindestens 300 Jahre alt ist! Wenn ich mich nicht irre, ist das die Fancy II, *das Flaggschiff des berühmten Piratenkapitäns Henry Avery!“*

Dahwen unterbricht ihn und zeigt ebenfalls auf das Schiff:

„Etwas in dem Schiff strahlt voller Energie. Es muss das sein, was ihr als Ewigkeitssplitter bezeichnet, und es leuchtet in dem toten Ding. Es befindet sich ein Portal in der Nähe des Schiffs, das wir dazu benutzen können, um an das Land an der Oberfläche zurückzukehren. Wir müssen uns allerdings beeilen, bevor der ganze Ort hier einstürzt.“

Der Wissenschaftler mischt sich wieder ein:

„Ein Ewigkeitssplitter? Was ist denn das? Können wir das mit diesem Tieftang sammeln?“

Doktor Cheney fragt den Storm Knights Löcher in den Bauch darüber, was ein Ewigkeitssplitter ist und wozu er gut ist. Dann besteht er darauf, bei seiner Bergung mitzuhelfen. Er ist weder als Kämpfer noch als Entdecker besonders fähig, doch sein Enthusiasmus sollte dafür sorgen, dass ihn die Abenteurer nicht zurücklassen können. Die anderen Zivilisten stellen eine Mischung aus Soldaten und Wissenschaftlern dar, die das Lebende Land erforscht haben und dann in Kontakt mit der Verlorenen Welt gerieten. Sie folgen ebenfalls der Führung der Abenteurer. Wenn sich einer der Helden unsicher ist, ob sie die Zivilisten begleiten sollen, erwähnt einer der Wissenschaftler: „Aufgrund des Tunneleinsturzes ist das Portal unser einziger Weg nach draußen, oder? Wir benötigen die Hilfe der Storm Knights, um es lebend nach draußen zu schaffen.“

Der Rest der Szene besteht darin, dass die Helden und Dahwen den Tieftang an die Zivilisten verteilen, die unmittelbare Umgebung erforschen und einen Plan schmieden, wie man der kollabierenden Verlorenen Welt entkommen kann.

ZWISCHEN SCYLLA UND CHARYBDIS

Dramatische Szene. Sobald die Helden das Wasser betreten, befinden sie sich in einem Wettlauf gegen die Zeit, um die *Fancy II* zu erreichen, den Sextanten von Henry Avery zu bergen und sicher durch das Portal zu entkommen. Diese gefährliche Schwimmpartie durch die atlantischen Ruinen und vorbei an der gigantischen Seeschlange Scylla wird als Dramatische Probenabwicklung gehandhabt.

Unterwegs könnten es die Helden mit folgenden Rückschlägen zu tun bekommen:

- **Niemand wird zurückgelassen:** Einer der Zivilisten wird unter einem herabstürzenden Stück Mauerwerk eingeklemmt und muss befreit werden. Man kann die Steine mit einer Sehr Schweren (MW 16) *Stärke*-Probe weit genug bewegen, damit der Eingeklemmte in Sicherheit schwimmen kann. Wenn die Helden einen brauchbaren Hebel benutzen, reduziert sich die Schwierigkeit auf Standard.
- **Von der Flut hinweggerissen:** Einer der Charaktere und einer der Wissenschaftler, der ihm folgt, verlieren ihren Halt oder werden auf andere Art und Weise durch die verrückten Strömungen, die in den Ruinen vorherrschen, auf den Wirbel zugetrieben. Ein Held kann eine Standard *Stärke*-Probe machen, um sich mit einer Kraftanstrengung wieder in Sicherheit zu bringen, oder eine *Manövrieren*-Probe, um den richtigen Weg aus der Strömung zu finden. Er kann die gleiche Art von Proben machen, um seinen Schutzbefohlenen zu retten.

Eine mögliche Komplikation, zu der es kommen kann, besteht darin, dass die Piratenskelette auf einmal von untotem Leben erfüllt werden! Wenn sich die Helden im Wrack der *Fancy II* befinden, dann könnte ein Teil der skelettierten Mannschaft animiert werden und die Helden angreifen, damit diese nicht entkommen können, oder versuchen, sie daran zu hindern, den Sextanten in die Finger zu bekommen. Ihre zupackenden Skeletthände versuchen, die Helden festzuhalten und von ihrem Ziel wegzuzerren.

Ein Kritisches Problem könnte darin bestehen, dass einer der Charaktere die ungeteilte Aufmerksamkeit von Scylla erlangt hat und direkt von der Kreatur angegriffen wird. Vielleicht müssen die Helden einen Weg finden, ihren Angriffen auszuweichen und nicht von ihr gepackt zu werden oder sie irgendwie von ihrem Opfer abzulenken.

Schritt A: In den Mahlstrom. Das Wasser rund um die Ruinen besteht aus wirbelnden Strömungen, die ihre Richtung und Position aufgrund des flackernden Portals ständig verändern. Um sich sicher durch diese Strömungen zu bewegen, muss man eine Standard *Stärke*-Probe ablegen. Die Schwierigkeit erhöht sich auf

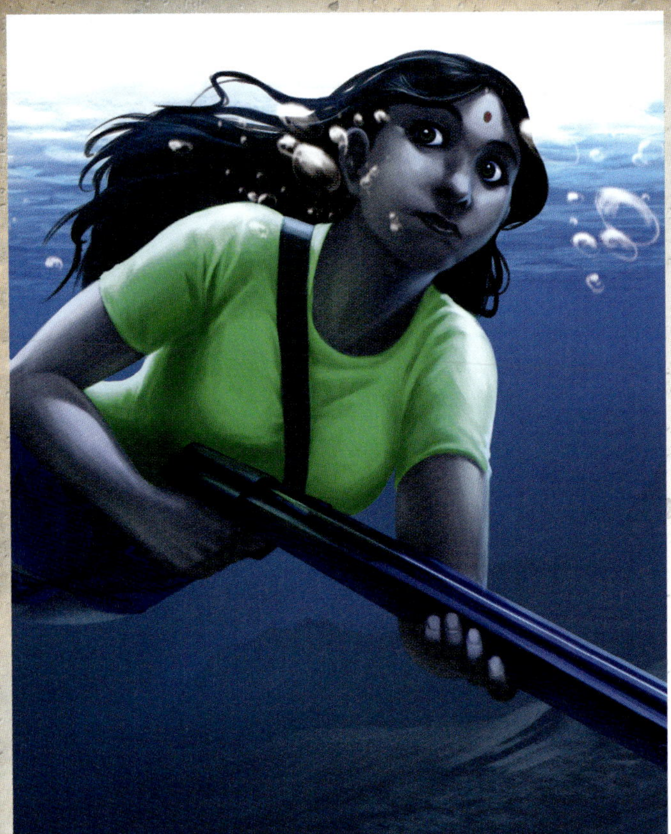

Unter Wasser lauern wesentlich mehr Gefahren als schnödes Ertrinken …

Anspruchsvoll, wenn der Storm Knight dabei einen oder mehrere Wissenschaftler unterstützt, beispielsweise indem er sie anleitet oder mit einem Seil hinter sich herzieht. Statt die Zeit hier in Runden zu messen, sollte eine Probe jeweils etwa eine Minute umfassen. Dies bildet auch gut ab, dass die Helden einige Zeit brauchen, während sie sich am Meeresboden vorankämpfen.

Sobald die Helden den Rand der Ruinen erreichen, können sie sich beispielsweise an Säulen festhalten oder hinter Mauerstücken ducken, wodurch sie Schutz vor den Strömungen erhalten. Dies gilt zumindest so lange, bis Scylla damit beginnt, die Ruinen anzugreifen. Sie versucht auf diesem Weg, die Helden ins Freie zu treiben.

Schritt B: Ein Schlag mit dem Schwanz gegen Säule x, ein wenig Mauerwerk von Säule y. Scylla und der herumwirbelnde Schutt durch den Mahlstrom sorgen dafür, dass von den höheren Ruinen Teile herabzustürzen beginnen. Seltsame von Runen überzogene Brocken taumeln durch das Wasser herab auf die Helden zu. Um es zu dem Schiffswrack der *Fancy II* zu schaffen, müssen die Helden Schwere (MW 14) *Manövrieren*-Proben oder Sehr schwere (MW 16) *Heimlichkeits*-Proben ablegen. Ein Held, der umfassende Kenntnisse über Bauwerke oder Konstruktionen hat, kann eine entsprechende Probe auf *Beruf* würfeln und auf diesem Weg einen einigermaßen sicheren Pfad durch die einstürzenden Bauwerke finden.

Schritt C: Den Kapitän finden. Sobald die Helden auf dem versunkenen Schiff *Fancy II* sind, müssen sie sich einen Pfad durch die tiefen Schatten des umgedrehten Rumpfes suchen. Sie müssen eine Schwere (MW 14) *Finden*-Probe schaffen, um das Artefakt aufzuspüren, obwohl es strahlend helle blaue und rote Lichtblitze abgibt, weil es sich in der Nähe des Portals befindet. Bei einem Guten Erfolg oder besser bemerken sie die zahlreichen skelettierten Piraten, die im Kampf miteinander verstrickt waren und dabei gestorben sind. Sie sind mit einer Schlammschicht überzogen und wirken so, als ob sie jeden Moment zum Leben erwachen könnten. Glücklicherweise geschieht dies nicht, außer es kommt zu der oben beschriebenen Komplikation.

Schritt D: Henry Averys Schatz. Die Leiche von Kapitän Avery umklammert noch immer seinen größten Schatz. Währenddessen beginnt der eskalierende Realitätssturm, zunehmend durch das wirbelnde Portal zu greifen und das Wrack des Schiffs zu zerfetzen. Wenn die Helden nach dem Artefakt greifen, wird der Kapitän von untotem Leben erfüllt und schlägt mit seinem rostigen alten Säbel nach ihnen, um seinen Schatz zu beschützen. Die Helden müssen einen Guten Erfolg oder besser mit einer Probe auf *Nahkampfwaffen* oder *Waffenloser Kampf* (Schwierigkeit Standard) erzielen, um dem Skelett den Schatz zu entreißen.

Ihr Weg nach draußen führt anschließend durch das nahe Portal unter Wasser. Dieses führt zu dem See, an dem sie Megan und Dahwen getroffen haben. Derjenige, der den Sextanten mit sich führt, und jeder, der diese Person an der Hand hält, schafft es automatisch, eine erfolgreiche *Realitäts*-Probe zu machen, um den Sturm zu durchqueren. Jeder andere Charakter muss eine erfolgreiche *Realitäts*-Probe gegen Schwierigkeit Anspruchsvoll (MW 12) ablegen. Wer scheitert, erleidet die Auswirkungen eines Realitätssturms, wie es in *Torg Eternity* beschrieben ist, sobald er das Portal durchquert. Sobald alle Charaktere und Zivilisten das Portal durchquert haben, bricht es hinter ihnen zusammen.

Scylla, der Riesenaal

In der griechischen Mythologie war Scylla eine riesige, drachenartige Seeschlange, die eine Seite einer Meerenge bewachte. Wenn ein Schiff diese Meerenge durchqueren wollte, musste es sich entlang einer schmalen Schneise vorantasten, auf der an der einen Seite Scylla und auf der anderen Seite ein gefährlicher Strudel namens Charybdis lauerten. Doktor Alexandra Pramas, eine Meeresbiologin, die im Observatorium in der Verlorenen Welt gefangen war, hat dem Meeresmonster hier diesen Namen gemäß der alten Sage gegeben.

Scylla ist ein wahrlich monströser Riesenaal, dessen gigantisches klaffendes Maul mit zahlreichen schlangenartigen Tentakeln gefüllt ist, mit denen sie ihre Beute packen und in den Schlund zerren kann. Ihr

Standardangriff besteht darin, ihren Schlund weit zu öffnen und ihre Ziele zu packen. Wenn ihr das gelingt, dann zieht sie sie in ihren Rachen und verschlingt sie am Stück.

Attribute: Charisma 3, Geschicklichkeit 12, Verstand 3, Geist 10, Stärke 17
Fertigkeiten: Ausweichen 13, Einschüchtern 15, Finden 8, Manövrieren 13, Realität 12, Tricksen (8), Verspotten (13), Waffenloser Kampf 16
Bewegung: 12; **Robustheit:** 19 (2); **Schock:** 14; **Wunden:** 5
Ausrüstung: —
Vorzüge: —
Möglichkeiten: 3
Spezielle Fähigkeiten:
- **Biss:** Schaden *Stärke* +2/19.
- **Ringer:** Scylla versucht, ihre Ziele festzuhalten, indem sie die schlangenartigen Tentakel rund um ihren Schlund einsetzt. Mit einem Guten oder einem besseren Erfolg macht sie einen erfolgreichen Bissangriff und das Ziel zählt außerdem als festgehalten, bis es sich mit einer Probe gegen ihre *Stärke* 17 befreien kann.
- **Rüstung:** Feste, schlüpfrige Haut +2.
- **Schwimmen:** Bewegungswert 12 in tiefem Wasser.
- **Sehr Groß:** Scylla ist ein Megaraubtier und über 20 Meter lang. *Angriffs*-Proben gegen sie erhalten einen Bonus von +4 aufgrund ihrer Größe.

VERBÜNDETE UND SCHÄTZE

Dahwen, Kundschafterin der Blaugrate

Dahwen (die von ihren Freunden manchmal Dwayne genannt wird) ist eine freundliche Edeinos. Dies ist besonders bemerkenswert, da sie zu den sonst sehr zurückgezogen lebenden Blaugraten gehört. Ihre Reisen haben dazu geführt, dass sie ähnlich denkende Verbündete in den Reihen der Menschen entdeckt hat und zu der Überzeugung gelangt ist, sie müsse dabei helfen, diese Welt von der Tyrannei Baruk Kaahs zu befreien. Als Blaugratedeinos ist sie besonders darin geübt, sich in Feuchtgebieten und unter Wasser zu orientieren, und ist so zu einer Spezialistin geworden, die den Storm Knights dabei hilft, sichere Wege hinter die Linien des Feindes zu finden. Sie liebt Geschichten von Entdeckern und fernen Landen und tauscht sich oft mit Storm Knights aus, die zu einem Schwätzchen bereit sind.

Doktor Andrew Cheney

Doktor Andrew Cheney ist ein Biologe mit bescheidenen Fähigkeiten zum Überleben in der Wildnis. Er ist ein Freund von Dahwen und Megan Darrow und reist nun bereits seit einiger Zeit mit ihnen, um die vielen verschiedenen Arten von Dinosauriern zu studieren. Außerdem macht er Aufzeichnung über das Pflanzenleben und andere seltsame Phänomene im Lebenden Land. Er hält seine Aufzeichnungen in einem Moleskin-Notizbuch fest und bewahrt es in einem verschließbaren Beutel auf. Er hofft, dass er es schafft, seine Aufzeichnungen bis zur Zentralerde zu retten und sie dort eines Tages zu veröffentlichen. Er ist leicht erregbar und sehr abenteuerlustig … angesichts der Tatsache, dass er nicht realitätsgehärtet ist, vermutlich zu abenteuerlustig.

Megan Darrow

Vor den Possibility Wars war Megan Darrow die Starreporterin einer angesehenen Tageszeitung. Sie ist frech, energiegeladen und von einem unerschütterlichen Optimismus erfüllt. Sie hat einen starken Glauben an das angeborene Gute im Menschen und vertraut anderen sehr leicht, vielleicht etwas zu leicht. Megan glaubt aufrichtig an die Ziele des Delphi-Rates und tut alles für sie.

Der Sextant von Henry Avery

Cosm: Zentralerde
Möglichkeiten: 3
Anwendungs-Mindestwurf: 14
Zweck: Sichere Pfade durch die Stürme zu finden.
Beschreibung: Henry Avery war ein berüchtigter Pirat, der hauptsächlich in den 1690ern sein Unwesen trieb. Es gelang ihm, enorme Schätze anzuhäufen, und so wurde er für zahlreiche Piraten weiterer Generationen zum Vorbild. Sein schlussendliches Schicksal ist ein Rätsel und es gibt viele verschiedene Theorien darüber, was tatsächlich mit ihm geschehen ist. Mit der Hilfe seines legendären Sextanten konnte er den Schiffen, die auf der Jagd nach ihm waren, sicher entfliehen und er gelangte so zur legendären Stadt Atlantis. Dummerweise meuterte seine Mannschaft, sein Schiff fing Feuer und versank direkt über dem ultimativen Schatz, den er so lange gesucht hatte. Dadurch blieb sein Sextant für zahlreiche Generationen verschollen. Dieser Ewigkeitssplitter hat die Form eines goldenen Sextanten, der mit Rubinen und Saphiren überzogen ist. Sie schimmern mysteriös, wenn sich der Gegenstand in den Händen eines realitätsgehärteten Charakters befindet.
Kräfte: Wenn der Pilot eines Fahrzeugs den Sextanten nutzt, um sich leiten zu lassen, dann kann er einen sicheren Pfad durch Realitätsstürme finden (dadurch wird die Schwierigkeit, sie zu durchqueren, in den meisten Fällen auf Standard reduziert). Außerdem kann der Träger des Sextanten auch einen sicheren Unterschlupf vor Stürmen und ähnlichem Ungemach suchen, wenn er sich im Freien aufhält. Wenn man durch den Sextanten blickt, während man ihn auf den Horizont ausrichtet, kann man fünf rotblaue Sterne sehen, die ohne die Benutzung des Sextanten unsichtbar sind. Sie führen den Besitzer des Gegenstands auf einen sicheren Kurs.
Einschränkungen: Die Möglichkeiten des Sextanten können nur für Proben auf *Überlebenskunst* und Fahrzeuge benutzt werden, die etwas damit zu tun haben, einem Sturm aus dem Weg zu gehen, Zuflucht vor einem Sturm zu suchen oder einen sicheren Pfad durch einen Sturm zu finden.

SEATTLE-UNTERGRUND

– VON MIRANDA HORNER –

COSM: LEBENDES LAND

SCHAUPLATZ: SEATTLE, WASHINGTON

Nachdem Baruk Kaahs Erdbeben den Widerstand von Seattle zerstört haben, ist es in der Region ruhig geworden. Ein paar besonders wagemutige Seelen sind in die Ruinen der Stadt zurückgekehrt, die sich auch in den berühmten Teil erstrecken, der im Untergrund liegt, doch bösartige Streitkräfte nähern sich den Überlebenden.

EINSATZBESPRECHUNG

Standardszene. „Das Gespenst" Burton taucht in der Nähe des Endpunktes der aktuellen Mission der Storm Knights auf. Am Besten ist eine Stelle, zu der nur die Helden Zugang haben. (Wenn man sie dann fragt, wie sie eigentlich hierhergekommen ist, antwortet sie nur trocken: „Das wollen Sie gar nicht wissen!")

Ganz einfach gesprochen: Sobald die Storm Knights mit ihrem aktuellen Auftrag fertig sind, will der Delphi-Rat von ihnen, dass sie nach Seattle aufbrechen, um sich um eine Situation dort zu kümmern, die die Aufmerksamkeit des Rates erweckt hat. Wenn man Burton fragt, worum es denn eigentlich bei der Sache geht, antwortet sie: „Hmm, das ist kompliziert."

Aber ist es das nicht immer?

Dennoch erbarmt sie sich dazu, den Helden die Sache ein wenig ausführlicher zu erklären:

„Wir haben davon erfahren, dass verschiedene Dinge in Seattle geschehen. Pan-Pacificas Kanawa Corporation ist es gelungen, sich einen Weg durch ein Höhlensystem nach Seattle zu suchen. Aber dann treiben da noch Agenten des Nil-Imperiums ihr Unwesen, die sich ein Wunder schnappen wollen, das vor Kurzem eine Kreatur auf … hmm … ungewöhnliche Weise verwandelt hat. Diese Monstrosität selbst ist auf einem Kurs, der dazu führen wird, dass sie eine hart errungene Siedlung im Untergrund von Seattle zerstört. Anscheinend frisst sie eine Menge Dreck und wird dabei immer noch größer.

Ihr Auftrag besteht darin, die Kreatur aufzuhalten, den Nil daran zu hindern, sich das Wunder zu schnappen, und die Überreste des Teams von Pan-Pacifica zu zerstören. Wenn es Ihnen außerdem irgendwie gelingen sollte, die Daten von Pan-Pacifica zu sabotieren, wäre das ein toller Bonus.

Klingt das nach ausreichend Aufregung?"

Burton bleibt nur lange genug, um zu betonen, dass die Sache eilig ist, und zu versichern, dass sie keine weiteren Informationen hat. Sobald die Abenteurer ihre aktuelle Mission beendet haben, kann sie ihren Transport nach Seattle organisieren.

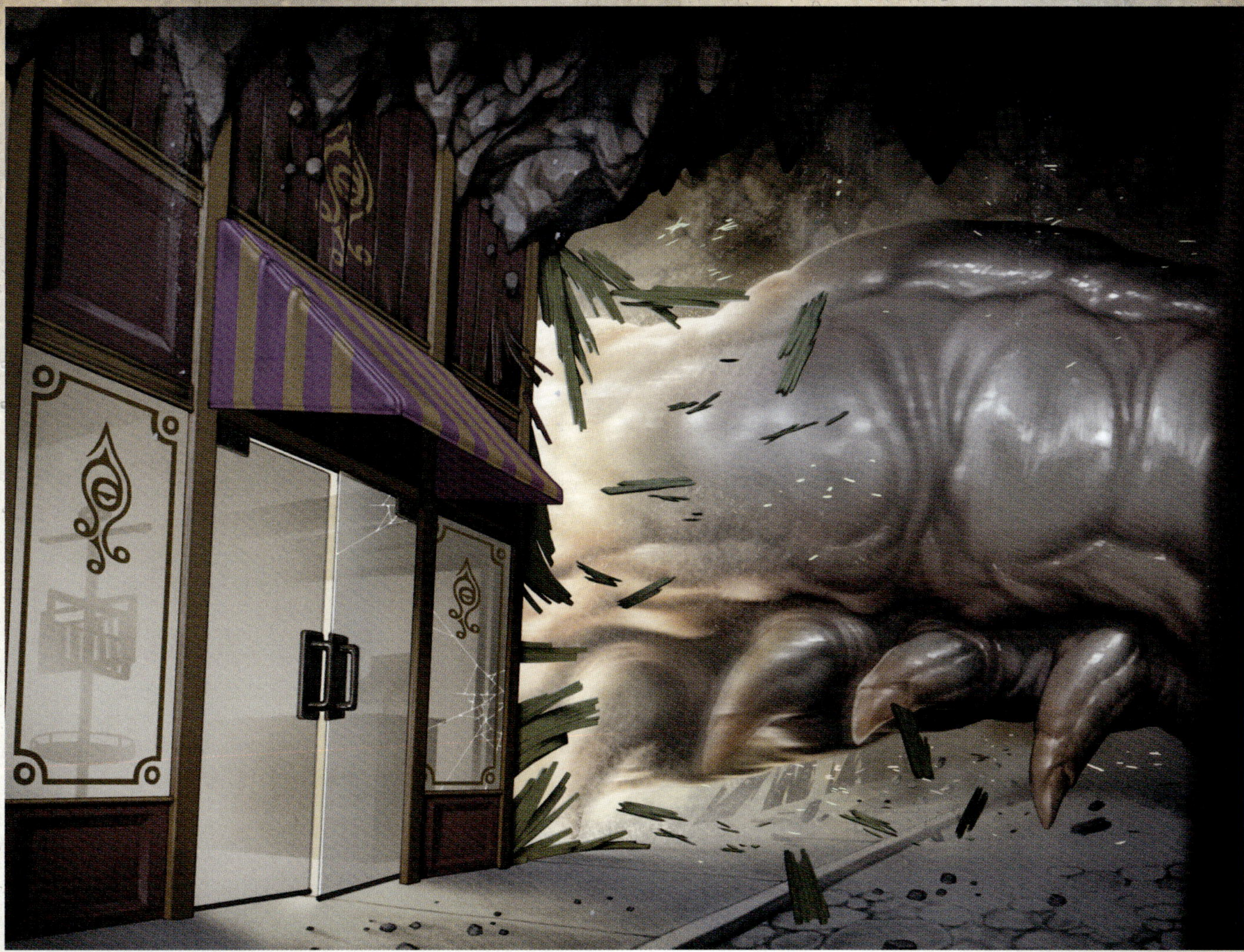

Es wurde eine gigantische Bestie gesichtet, die die Überlebenden in den Ruinen von Seattle bedroht.

VIOLETTES GLAS

Standardszene. Die Storm Knights werden auf eine Weise deiner Wahl nach Seattle gebracht. Man transportiert sie in eine von Schutt übersäte Straße und gibt ihnen vage Anweisungen: Sucht nach dem violetten Glas im Boden. Es sollte in der Nähe sein.

Dieses amethystfarbene Glas hat dazu gedient, Licht in den Untergrund zu lenken, als man in Seattle damit begann, die Stadt nach dem Feuer neu zu organisieren. Teile des Untergrunds wurden durch die jüngsten Katastrophen weiter zerstört, aber der Delphi-Rat ist zu der Ansicht gelangt, dass sich in der Nähe des aktuellen Standortes der Storm Knights halbwegs erhaltene Architektur im Untergrund befinden müsste.

Es dauert tatsächlich nicht lange, das Glas zu finden, das in der Nähe eines verfallenen Gebäudes im Zement eingelassen ist. Mit ein wenig Nachforschungen und einer Einfachen (MW 8) *Finden-* oder *Spurenlesen-*Probe findet man dann auch rasch einen Weg, der in die Tiefen des Untergrunds führt. Kurz darauf taucht eine junge Kundschafterin namens Rhias aus einem improvisierten Alkoven auf, in dem sie sich verborgen hat, und verlangt von den Helden zu wissen, wer sie sind und was sie hier wollen.

Es ist nicht schwierig, sie davon zu überzeugen, sie zu der Siedlung zu führen, außer die Helden erwecken den Eindruck, tatsächlich feindselig zu sein. Sie ist vielleicht ein wenig misstrauisch, aber die Gemeinschaft könnte die Hilfe der Storm Knights benötigen.

Sobald die Storm Knights bei den Siedlern eintreffen, können sie von Leisha, der aktuellen Anführerin der Leute hier, erfahren, was sich eigentlich gerade abspielt. Jede Information führt zu einem Abschnitt, der die entsprechenden Ereignisse detaillierter beschreibt.

- Rhias und andere haben einen seltsamen Wurm entdeckt, der sich außerhalb der Ansiedlung in verschiedenen Bereichen herumtreibt. Rhias ist davon überzeugt, dass er ständig größer wird. (Siehe den Kasten **Die Natur des Wunders**.)

DIE NATUR DES WUNDERS

Das Wunder, das in der Nähe der Siedlung aufgetaucht ist, hat eine Form und mehrere kuriose Eigenschaften, die sich abhängig von den Bedürfnissen von nahem Leben mit Bewusstsein verändern.

Momentan besteht eine seiner Eigenschaften darin, dass es eine Kreatur anziehen und seine Größe verändern kann, während sie sich nähert. Die Kreatur, die davon betroffen wurde, war zuerst ein einfacher Erdwurm, der sich durch die äußeren Bereiche des eingestürzten Untergrunds von Seattle gegraben hat. Er ist auf einem vagen Kurs in die Richtung der Ansiedlung unterwegs, umkreist sie aber noch ein wenig und wächst dabei zusehends.

Das Wunder sieht in seiner aktuellen Form so aus, als ob es aus Zweigen bestehen würde, die durch Ranken so miteinander verbunden sind, dass sie einen Stern mit sechs Zacken bilden. Es verfügt über zusätzliche Eigenschaften, die von den Antworten der Spieler auf bestimmte Fragen abhängen, die du ihnen vor Beginn dieses Abenteuers stellen solltest. Du solltest dir für jede Frage einen Spieler aussuchen, der sie beantworten soll. Mache dir dazu entsprechende Aufzeichnungen, damit du dem Gegenstand weitere Eigenschaften zuteilen kannst. Die Antworten der Spieler entscheiden über die zukünftigen, einmalig einsetzbaren Fähigkeiten des Wunders, die momentan noch in ihm schlummern.

1. Von welcher Kraft hat dein Storm Knight letzte Nacht geträumt?
2. Über welche magische Fähigkeit hat der letzte Musikant gesungen, den dein Storm Knight hören konnte?
3. In dem letzten Buch, das dein Storm Knight gelesen hat, kam ein Held vor, der über welche besondere Fähigkeit verfügte?
4. Als dein Charakter aufgewachsen ist, hat er von welcher Superkraft oder magischen Fähigkeit geträumt, die er gern besitzen würde?
5. Der Schurke in der Lieblingsgeschichte deines Storm Knights hat über welche Fähigkeit verfügt?

Die sechste Fähigkeit des Sternenwunders ist dank Rhias bereits definiert, die es vor wenigen Tagen entdeckt hat, während sie Gänge in der Nähe durchsucht hat, die sich im Verlauf der letzten Wochen geöffnet haben.

(Wird auf der nächsten Seite fortgesetzt.)

- Vor Kurzem haben sich die Tunnel, die ein gutes Stück jenseits der Ansiedlung liegen und die eigentlich alle eingestürzt sind, begonnen, wieder zu öffnen. Sie haben sich zu Orten erweitert, in denen irgendetwas mit der Geometrie nicht zu stimmen scheint. (Siehe **Der Ort wird immer seltsamer**.)
- Eine Gruppe von Leuten in hochtechnischen Anzügen hat in der Nähe ihr Lager aufgeschlagen. Sie haben versucht, die Angehörigen eines örtlichen Edeinosstammes zu töten, mit denen man gerade Verhandlungen aufgenommen hatte. Die Handlungen der Fremden haben alle in höchste Alarmbereitschaft versetzt, und Leisha findet das extrem schade. (Siehe **Die Nachbarn waren früher auch freundlicher**.)
- Eine schattenhafte Gestalt ist vor ein paar Tagen aufgetaucht. Sie ist durch die Gegend „gehüpft" und dann verschwunden. Leisha hat den Eindruck, dass sie Aufklärung betrieben hat. Niemand konnte aber einen guten Blick auf sie erhaschen. (Siehe **Die herumhüpfende Kundschafterin**.)

DER ORT WIRD IMMER SELTSAMER

Vor dem Lebenden Land und der Zerstörung Seattles konnte man den Untergrund mit öffentlichen Führungen betreten. Im Verlauf der Zeit wurden verschiedene Teile aus Sicherheitsgründen abgeschottet. Doch ironischerweise entwickelten sich diese Orte unter der Erde in letzter Zeit zu einem der sichersten Orte in Seattle. Verschiedene Kreaturen und Personen haben hier Zuflucht gesucht.

Vor Kurzem öffneten sich plötzlich etliche Bereiche, die anscheinend zuvor mit Schutt gefüllt waren, und schufen eine Verbindung zu unterirdischen Straßen, die noch tiefer unter die Erde führen. Die milchigen Fenster von längst vergessenen Geschäften ziehen sich diese Straßen entlang und manchmal tauchen auch geisterhafte Pferde und Personen auf, durchstreifen die Straßen und spielen Ereignisse nach, die sich in den frühen 1900ern von Seattle zugetragen haben.

Jeden Tag scheinen sich diese Läden etwas klarer zu manifestieren, doch eigentlich sollte man hier damit rechnen, Dinge wie einen alten Gemischtwaren- oder Kurzwarenladen zu finden. In Wahrheit trifft man jedoch auf Orte, die Gegenstände verkaufen, die irgendwie seltsam erscheinen. Statt geisterhafte Kinder zu sehen, die Pfefferminzstangen in den Händen halten oder saure Drops lutschen, sieht man beispielsweise katzenartige zweibeinige Kreaturen, die seltsame Gewürzbeutel über ihre Gesichter und Schnurrhaare streichen.

Die Edeinos leben in einer Seitenstraße auf der rechten Seite. Die Entdecker von Pan-Pacifica kampieren in einem alten Laden, der vor Kurzem unten an der Straße zur Linken in der Existenz aufgetaucht ist. Der Weg des Wurms wird bald auf geradem Weg durch diese neue Hauptstraße im Untergrund führen.

DIE NACHBARN WAREN FRÜHER AUCH FREUNDLICHER

Eine Gruppe von Erkundern der Kanawa Corporation hat ihr Lager in einem Laden aufgeschlagen, der sich gegenüber einer Seitenstraße befindet, die zur Siedlung eines hiesigen Stammes von Edeinos führt. Die Edeinos sind momentan sehr wachsam und misstrauisch, da diese Truppen erst vor wenigen Tagen versuchten, sie von hier zu vertreiben, und auch das Team von Kanawa hat seine Wachposten verstärkt. Bisher haben sie noch keine Versuche unternommen, weiter vorzudringen. Sie sind gerade dabei, ihre Aufzeichnungen über diese seltsame Expedition neu zu organisieren und so aufzubereiten, dass sie sie an ihre Manager zurücksenden können. Abgesehen davon behalten sie die Umgebung im Auge.

Eine Gruppe von Kriegern der Edeinos ist ebenfalls in der Gegend und behält die Straße im Auge, die zur Ansiedlung der Zentralerde und zum Lager der Erkunder von Kanawa führt. Sie werden vermutlich jene Seite angreifen, die zuerst die Oberhand gewinnt.

Die Storm Knights können versuchen, dass Lager der Gruppe aus Pan-Pacifica aufzumischen. Wenn ihnen das gelingt, können sie die Edeinos freundlich stimmen. Dieses neue Band zwischen Storm Knights und Edeinos kann ihnen dabei helfen, die Edeinos davon zu überzeugen, sich der Siedlung gegenüber freundlich zu verhalten. Wenn die Helden stattdessen auf verschlagene Art und Weise versuchen, die Informationen der Fraktion aus Pan-Pacifica irgendwie zu fälschen, dann sollte die Schwierigkeit für alle diesbezüglichen Proben Herausfordernd (MW 12) sein. Dies gilt beispielsweise für die Proben, die die Gruppe macht, um sich heimlich in das Lager zu schleichen oder die gesammelten Daten unauffällig so zu verändern, dass sie nutzlos werden.

- **Kanawa-Sicherheitssoldat (2 je Held):** Siehe unten.
- **Geisterclan-Nebelschreiter (5):** Siehe Seite 80.

KANAWA-SICHERHEITSSOLDAT

Attribute: Charisma 6, Geschicklichkeit 8, Verstand 8, Geist 8, Stärke 8
Fertigkeiten: Ausweichen 10, Beweisanalyse 9, Einschüchtern 11, Erste Hilfe 9, Feuerwaffen 10, Finden 10, Gassenwissen 9, Heimlichkeit 10, Landfahrzeuge 9, Manövrieren 10, Nahkampfwaffen 10, Waffenloser Kampf 9
Bewegung: 8; **Robustheit:** 12 (4); **Schock:** 8; **Wunden:** —
Ausrüstung: Kanawa Sicherheitspanzerung (+4), Katana (Schaden *Stärke* +3/11), SC Kyogo T11 (Schaden 14, Langer Feuerstoß, Reichweite 50/100/200)
Vorzüge: —
Möglichkeiten: Selten (2)
Spezielle Fähigkeiten: —

DIE NATUR DES WUNDERS (FORTSETZUNG)

Sie hat den Wurm bereits mehrere Male gesehen und dabei beobachtet, wie er größer und größer wird. Sie hat geträumt, dass sie gemeinsam mit allen anderen Leuten aus der Ansiedlung auf dem Wurm Platz nimmt und dann mit seiner Hilfe an einen sicheren Ort reist, der außerhalb von Seattle liegt.

Wenn deine Gruppe aus mehr als fünf Spielern besteht, kannst du dir weitere Fragen ausdenken, damit niemand ausgelassen wird. Diese sollten alle etwas mit den Storm Knights zu tun haben, die sie spielen. Was ist der Lieblingsgeruch deines Storm Knights? Welche Farbe hat Magie? Was ist das Lieblingsessen deines Helden? Welche Art von Berührung mag dein Storm Knight am meisten? Nutze diese Dinge, um zu beschreiben, was geschieht, wenn Rhias Wunder erneut benutzt wird, und beziehe diese Sinne ein, also den Berührungssinn, Gesichtssinn und Geruchssinn, die durch die zusätzliche Anstrengung ins Spiel kommen.

DIE HERUMHÜPFENDE KUNDSCHAFTERIN

Das Nil-Imperium hat von dem Wunder in der Gegend erfahren und eine Kundschafterin und eine Handvoll Sturmsoldaten ausgesandt. Sie sollen herausfinden, was die Natur des Wunders ist, und es wenn möglich sichern. Aus diesem Grund haben sie eine Maskierte Marodeurin geschickt, die über ein Gadget (einen besonderen Gegenstand) verfügt, der es ihr ermöglicht, im Schutz der Dunkelheit von einem Versteck zum nächsten zu flitzen.

Die Marodeurin hat bereits herausgefunden, dass Rhias ihrer Meinung nach den Schlüssel zum Wunder in den Händen hält. Sie weiß allerdings noch nicht genau, wie sie weiter vorgehen soll. Sie wird bald handeln, vermutlich wenn die Storm Knights sich gerade mit den Kanawas, den Edeinos oder dem Riesenwurm herumschlagen. Anders ausgedrückt, kannst du diese Begegnung dazu nutzen, das Tempo des Abenteuers zu variieren, falls sich die Helden in einer Begegnung wiederfinden, die schlicht und einfach zu leicht für sie ist.

- **Dark Victoria:** Benutze die spieltechnischen Werte eines Maskierten Marodeurs aus *Torg Eternity*. Außerdem verfügt Dark Victoria über ein Gadget, das sie in einen Mantel aus Dunkelheit mit einem Radius von 1 Meter einhüllt. Dadurch erhalten Feinde auf alle Versuche, sie zu treffen, einen Malus von –2 aufgrund von Dunkelheit. Sie kann sich jederzeit aus dem Nahkampf lösen, ohne dadurch Verwundbar zu werden. Ihre Angriffe gegen Feinde im Nahkampf zählen als Begünstigt.

• **Nil-Imperium Sturmsoldaten (2 je Held):** Siehe *Torg Eternity*.

DER WURM KOMMT

Das größte Problem für die Bewohner der Zentralerde stellt das untrügliche Gefühl dar, dass der Wurm, den sie gesehen haben, ihre Siedlung zerstören wird, sodass sie einen neuen Ort zum Leben finden werden müssen. Obwohl Rhias dagegen Einspruch erhebt, wenn sie während des Gesprächs über das Thema anwesend ist, bereiten sich die anderen Personen hier offenbar bereits auf das Schlimmste vor. Wenn das Grollen der Erde den sich nähernden Wurm ankündigt, dann verschanzen sich die Dorfbewohner hinter den Barrikaden, die sie aus Holz und Stein im Verlauf der letzten Monate errichtet haben.

Ist es den Storm Knights bis zu diesem Zeitpunkt gelungen, Freundschaft mit den Edeinos zu schließen, dann helfen sie bei der Verteidigung. Beide Siedlungen haben vergleichbare Barrieren errichtet. Daher liegt es an den Helden zu entscheiden, wo die Verteidigung stattfinden soll, und Leisha von ihrem Vorgehen zu überzeugen.

Wenn der Wurm eintrifft, dann bleibt Rhias und den Storm Knights nur noch eine Minute, um herauszufinden, wie man ihn kontrollieren kann. Das Sternenwunder, das sie bei sich trägt kann mit einer Schweren (MW 14) Probe auf *Willenskraft* aktiviert werden. Die Storm Knights können sie entweder dabei unterstützen, sich zu konzentrieren, oder sie davon überzeugen, ihnen das Wunder zu überlassen, damit sie es selbst einsetzen können.

Wenn der Wurm unter der vollständigen Kontrolle des Benutzers des Sterns steht, könnte man ihn theoretisch wie ein Reittier benutzen. Wenn die Helden sich stattdessen dazu entscheiden, gegen ihn zu kämpfen, dann gib dir Mühe, besonders ausführlich zu beschreiben, wie er immer wieder ins Erdreich abtaucht, um Angriffen zu entgehen, und dann an unerwarteter Stelle wieder hervorbricht.

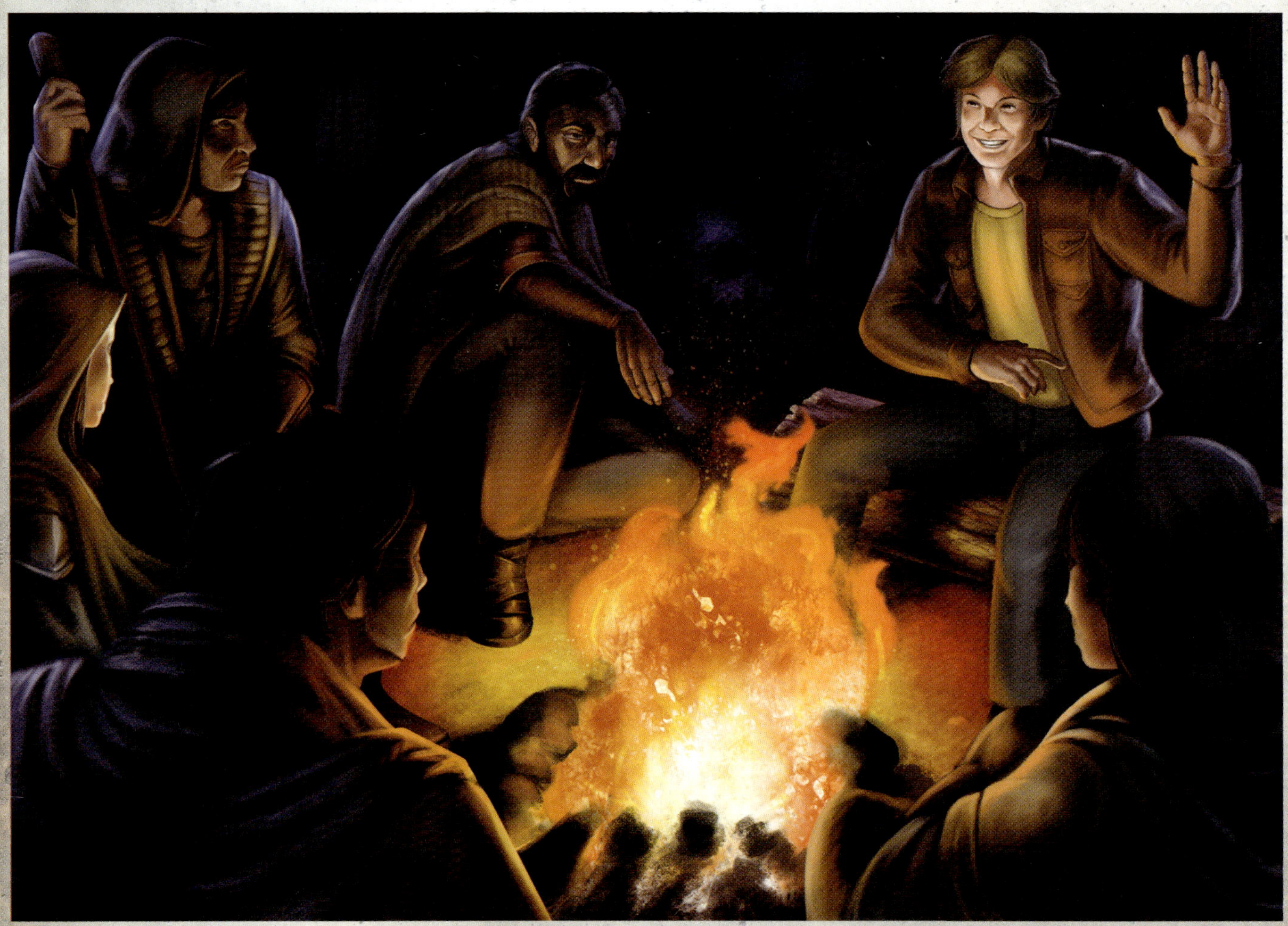

Wenn man es schafft, den Flüchtlingen in Seattle ein wenig Hoffnung zu geben, dann könnte dies über Sieg oder Niederlage entscheiden.

DER WUNDERSAME ERDWURM

Attribute: Charisma 3, Geschicklichkeit 6, Verstand 3, Geist 3, Stärke 15
Fertigkeiten: Ausweichen 10, Finden 6, Manövrieren 9, Verspotten 7, Waffenloser Kampf 10
Bewegung: 8; **Robustheit:** 17 (2); **Schock:** 11; **Wunden:** 4
Ausrüstung: —
Vorzüge: —
Möglichkeiten: Keine
Spezielle Fähigkeiten:

- **Graben:** Die Kreatur kann sich unterirdisch durch Felsgestein mit der gleichen Geschwindigkeit wie an der Oberfläche bewegen.
- **Rüstung:** Schuppenhaut +2.
- **Schmettern:** Schaden *Stärke* +2/17, Reichweite 10 Meter, Begünstigt.
- **Sehr Groß:** Der Wurm ist über 40 Meter lang und hat einen Durchmesser von sechs Metern. *Angriffs*-Proben gegen ihn erhalten einen Bonus von +4.
- **Verschlucken:** Schaden *Stärke* (15). Der Angriff zählt gegenüber jeder Kreatur als Begünstigt, die kleiner als Sehr groß ist.

„KONZERNSPIONE, SCHURKEN AUS DEM NIL-IMPERIUM UND RIESENWÜRMER ... SEATTLE IST SCHON IRGENDWIE KOMISCH, ODER?“ – AIDEN

DAS NACHSPIEL

Die Storm Knights sind erfolgreich, wenn es ihnen gelingt, die Ansiedlungen der Menschen der Zentralerde und der Edeinos zu beschützen. Sie könnten auch versuchen, Rhias zu rekrutieren, bei der es sich um eine potenzielle Storm Knight handelt, und sie und das sternförmige Wunder zum Delphi-Rat bringen. Andernfalls gibt sie es widerstrebend auf, wird aber dennoch versuchen, den Wurm irgendwie als Reittier zu bewahren. Ob ihr das gelingt oder nicht, liegt an der SL, aber es könnte doch sehr lustig sein, wenn es ab jetzt eine Wurmreiterin in Seattle gibt, die versucht, hier für Recht und Ordnung zu sorgen!

Zu den anderen Gruppen: Wenn es den Helden gelingt, die Ausbreitung der Kanawa-Truppen zu behindern, dann solltest du dir das notieren. Du könntest auf diese Tatsache in einer anderen Spielsitzung zurückkommen. Und wenn sie die Pläne des Nil-Imperiums vereiteln, kannst du auch zu einem späteren Zeitpunkt Spaß daran haben, wenn sie sich mit den entsprechenden Vergeltungsmaßnahmen herumschlagen müssen!

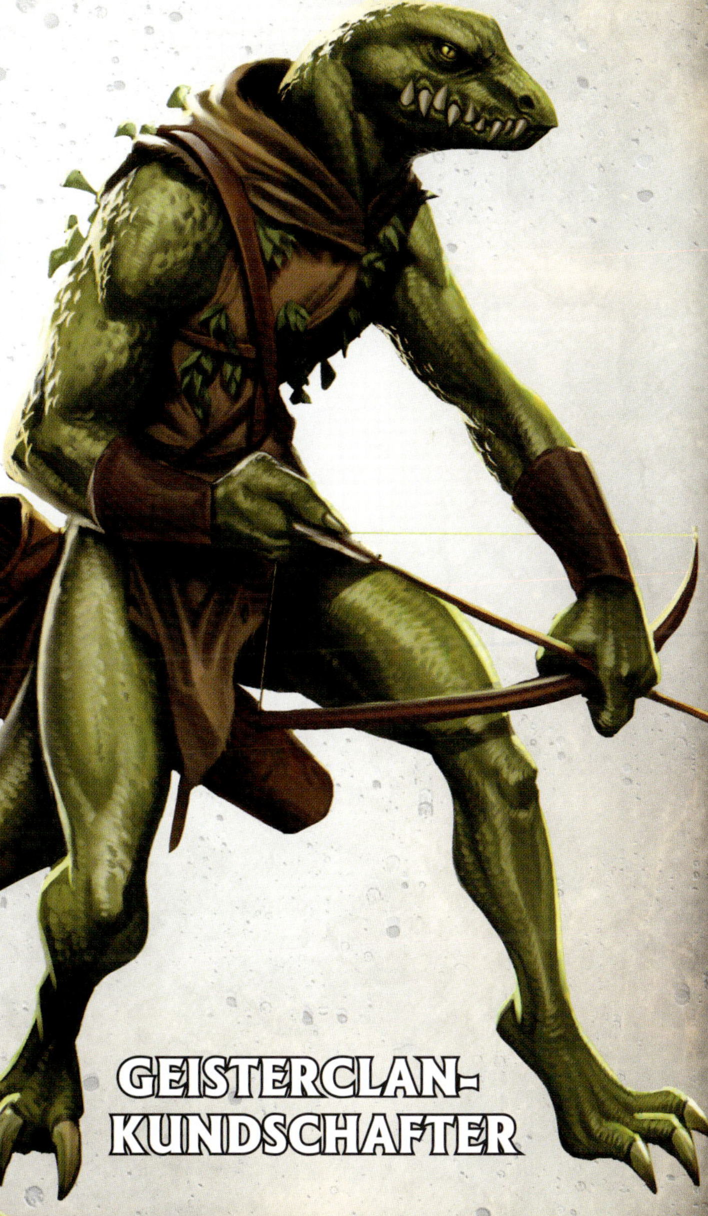

GEISTERCLAN-KUNDSCHAFTER

DIE SCHLACHT UM PHILADELPHIA

– VON AARON PAVAO

COSM: LEBENDES LAND

SCHAUPLATZ: PHILADELPHIA, PENNSYLVANIA

Die belagerte Stadt Philadelphia bereitet sich auf einen Großangriff durch Baruk Kaah vor. Die historische Stätte nahe der Independence Hall ist vollgestopft mit wichtigen Artefakten der Zentralerde. Diese haben einen Fixpunkt geschaffen, wodurch eine große Gemischte Zone entstanden ist, die sich in einem Radius von 10 Kilometern um das historische Gebäude erstreckt. Die Storm Knights, die sich in der Stadt aufgehalten haben, sind in einen Hinterhalt geraten und wurden getötet.

Die Stadt wird bedroht und es ist dringend nötig, dass ihr neue Storm Knights zur Hilfe eilen.

EINSATZBESPRECHUNG

Standardszene. Ein Bote des Delphi-Rates mit dringenden Befehlen trifft ein. Die Storm Knights sollen so rasch wie möglich nach Philadelphia aufbrechen.

Es ist zwar theoretisch möglich, auf dem Luftweg zu der Stadt zu gelangen, doch der Tiefe Nebel hat sich in der ganzen Region ausgebreitet und macht die Navigation und Landungen sehr schwierig. Eine Flussreise über den Delaware bietet sich ebenfalls an, aber auf dem Weg lauern zahlreiche Gefahren wie Edeinos, Riesenmonster und natürlich auch die Axiome und Weltgesetze des Lebenden Landes.

PHILLY ÜBER ALLES

Standardszene. Lies folgenden Text vor, wenn die Storm Knights endlich den Tiefen Nebel verlassen und im Einflussbereich des Fixpunktes von Philadelphia eintreffen:

Der Dschungel und der Nebel teilen sich plötzlich vor euch und ihr könnt ein Baseballfeld erkennen. Auf der rechten Seite befindet sich ein großes Gebäude, auf dem ein großes Schild prangt: „Cherry Hill High School West (Go Lions!)“ Das Feld ist etwas mit irdischen und fremdartigen Pflanzen überwuchert, aber es gibt hier keinen Dschungel und auch wesentlich weniger Anzeichen des Verfalls als auf eurer bisherigen Reise. Die Elemente und die Umwelt sind noch immer vom Lebenden Land geprägt, aber sie sind auch mit etwas Vertrautem und Beruhigendem vermischt – der Realität der Zentralerde.

Die Storm Knights sind in der Vorstadt Camden County in New Jersey eingetroffen. Die historische Stätte nahe der Independence Hall ist mit wichtigen

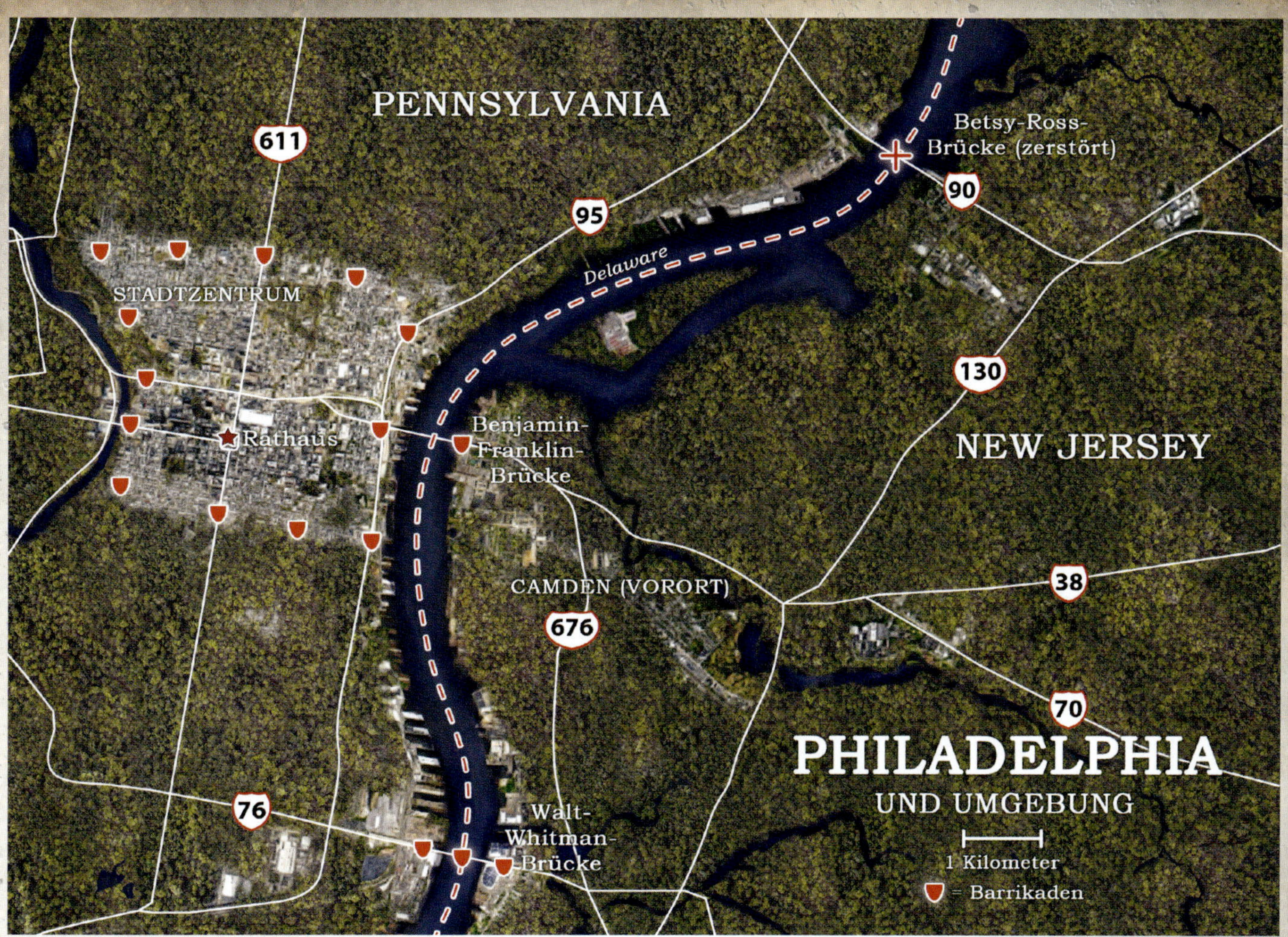

Die Verteidigung von Philadelphia.

Artefakten der Zentralerde förmlich vollgestopft, dazu gehört auch die Freiheitsglocke (siehe *Das Lebende Land*). Sie erschaffen einen großen Fixpunkt, der eine Gemischte Zone mit einem Radius von 10 Kilometern erzeugt.

Sobald sich die Gruppe der Stadt nähert, sieht sie, dass in den höheren Gebäuden jenseits des Flusses Licht brennt. Die Betsy-Ross-Brücke im Norden wurde zerstört. Die Walt-Whitman-Brücke wurde vollständig blockiert und in ihrer ganzen Länge verbarrikadiert. Die Benjamin-Franklin-Brücke ist offen, aber sie wird an der Westseite des Flusses stark bewacht und verfügt ebenfalls über Barrikaden und ein improvisiertes Tor.

Die Verteidiger sind vorsichtig, entspannen sich aber sichtlich, wenn sie sehen, dass es sich bei den Charakteren um Storm Knights handelt. Sie alle haben Freunde oder Familienmitglieder verloren, die durch seltsame Pflanzen oder Kreaturen getötet wurden oder die im Nebel verschwanden und nie wieder zurückkehrten. Die schrecklichen Geräusche, die aus dem undurchdringlichen Dschungel kommen, jagen ihnen Angst ein, ebenso wie die Geschichten von den Monstern, die sich in den Vororten herumtreiben.

Die Miliz befragt die Storm Knights, bevor man ihnen Zutritt zur Stadt gewährt. Die Leute werden aufgeregt, ja geradezu begeistert, wenn sie erfahren, dass es sich um einen ganzen Trupp Storm Knights handelt. Wenn die Charaktere nach den örtlichen Storm Knights fragen oder um Kontakt zur Führung bitten, bringt man sie zum Rathaus, wo sie auf den Bürgermeister treffen.

In der Stadt selbst geht es sehr geschäftig zu. Leute lagern und bewegen Vorräte, üben mit Schusswaffen und die Ausführung von Erster Hilfe und bearbeiten Grünflächen, auf denen Nahrungsmittel angepflanzt werden. Hier und da befinden sich laufende Generatoren, und Solaranlagen wurden auf beinahe jedem Dach installiert. Dadurch steht für die wichtigsten Bedürfnisse ausreichend Elektrizität zur Verfügung, aber der Großteil der Bewohner von Philadelphia muss dennoch Werkzeuge und Arbeitstechniken verwenden, die dazu dienen, Energie zu sparen. Die Stimmung ist zugleich grimmig und optimistisch.

DAS RATHAUS

Das Team wird zum Rathaus gebracht. Dort brennen keine Lichter, um Energie zu sparen (die Stadt verfügt nur über drei kleine Kraftwerke und man rationiert die zur Verfügung stehenden fossilen Brennstoffe), und die einzelnen Räume und der Gang werden schwach durch das von draußen dringende Tageslicht und durch Überlebenslaternen, die man mit einer Handkurbel aufladen kann, erhellt.

Bürgermeister Bradley Bowen ist froh, von der Ankunft der Helden zu erfahren. Die Philadelphia Free Militia, eine Gruppe von Storm Knights, die die wichtigsten Verteidiger der Stadt dargestellt haben, wurden von Berichten über einen Ewigkeitssplitter im Westen aus der Stadt gelockt. Das ist bereits drei Wochen her und seitdem hat man nichts mehr von ihnen gehört. Die Sichtungen von großen Gruppen von Edeinos, die sich der Stadt nähern, haben alle in Alarmbereitschaft versetzt. Der Bürgermeister ist sehr froh über die Ankunft der Storm Knights und hört ihnen aufmerksam zu.

Es gibt einen guten Grund für all das. Eine Armee von Baruk Kaah befindet sich definitiv aus der Richtung von New York auf einem Marsch auf die Stadt zu. Angesichts der abwesenden Free Militia ist Bowen zu der Ansicht gelangt, dass er die Stadt nicht halten kann. Sein Plan besteht darin, alle zu versammeln, so viele Artefakte mitzunehmen wie möglich und dann die Stadt zu verlassen. (Kluge Storm Knights wissen natürlich, dass dies zur Auflösung des Fixpunktes führen würde.) Wenn ihm die Helden allerdings versichern, dass sie alles geben werden, um bei der Verteidigung von Philadelphia zu helfen, dann ist er bereit, die Stellung zu halten. So oder so bietet er dem Team an, sich auszuruhen und sich bei den Versorgungsstationen im Love Park auf der anderen Straßenseite mit Nahrung und Getränken einzudecken. Dann können sie den nächsten Schritt planen.

GESCHICHTEN VON ABENTEUERN

Gib den Spielern die Gelegenheit, die Gespräche der Storm Knights darüber, was bisher geschehen ist und was sie als Nächstes planen, auszuspielen. Während sie sprechen, versammeln sich Angehörige der örtlichen Bevölkerung und erkundigen sich neugierig nach ihrer Geschichte. Zu einem geeigneten Zeitpunkt nähert sich ein Teenager und bittet die Helden, ihm doch eine Geschichte über die Welt jenseits des Dschungels zu erzählen und darüber, was mit dieser Welt geschehen ist. Die anderen Bewohner nicken voller Begeisterung.

Wenn die Helden faszinierende Geschichten von ihren Abenteuern erzählen, lauscht man ihnen voller Verzückung. Mehr und mehr Leute versammeln sich und hören ihnen zu. Sie fragen nach Details, keuchen vor Erstaunen auf, lachen, weinen und singen sogar mit, wenn Lieder gesungen werden. Die Storm Knights haben ihnen ein Gefühl der Gemeinschaft und der Hoffnung geben.

Irgendwann teilt sich die Menge, Bürgermeister Bowen tritt zu den Helden und bittet sie um Hilfe bei der Verteidigung der Stadt. Sie sind die qualifiziertesten Leute in der ganzen Gegend, um zu entscheiden, wie die Verteidigung vonstatten gehen soll. Der Bürgermeister und die Bewohner glauben an sie. Wenn die Storm Knights zustimmen, jubelt die Menge laut auf und dann werden sie zurück zum Rathaus eskortiert, um dort Pläne zu schmieden.

DIE SITUATION

Die Stadt verfügt über die folgenden Truppen:

- **Philadelphia Verteidigungsstreitkräfte:** Eine untrainierte Miliz, die aus 800 freiwilligen Bewohnern besteht und im Verlauf der letzten zwei Tage zusammengetrommelt wurde. Die Miliz ist nicht gut organisiert und wird von einer älteren Frau im Rang eines Sergeants der Air Force geführt, die eigentlich schon im Ruhestand ist. Jeder ist bewaffnet, aber die Munition ist knapp. Daher kann diese Streitmacht einem längeren, entschlossenen Angriff der Edeinos nicht standhalten. Je 100 Mann dieser Streitmacht zählen als eine Verteidigungslinie (siehe Kasten).
- **Pennsylvania Nationalgarde:** Momentan besteht die Einheit noch aus 150 Personen, nachdem mehrere Expeditionen der früheren Befehlshaberin dafür gesorgt haben, dass sie selbst und die Hälfte der Einheit verloren ging. Der Offizier mit dem höchsten Rang ist ein 1. Leutnant, der früher der Finanzmanager der Einheit gewesen ist. Er hat die verbleibenden Einheiten der Nationalen Luftwache und der Nationalgarde zu einer Einheit verschmolzen. Abgesehen davon hat er noch nicht viel geleistet. Jeweils 50 Soldaten der Nationalgarde zählen als eine Verteidigungslinie.
- **First Troop Philadelphia Stadtkavallerie:** Die First City Troop ist eine Kavallerieeinheit, die tatsächlich noch auf Pferden reitet und aus 50 Personen besteht. Die Traditionen der Einheit reichen bis zum amerikanischen Bürgerkrieg zurück. Eine dieser Traditionen besagt, dass sie ihren eigenen Befehlshaber wählen. Sie erklären den Storm Knights voller Stolz, dass sie sich einheitlich auf einen von ihnen als diesen Befehlshaber geeinigt haben, nachdem sie von den Heldentaten der Charaktere gehört haben. (Du solltest jenen Storm Knight auswählen, der für eine derartige Aufgabe am besten geeignet ist.) Die First City Troop hat sich bereits in der Vergangenheit als unerlässlich beim Aufklären des nahen Dschungels erwiesen, vor allem da Treibstoff stark rationiert ist. In einer derartigen Situation ist es ziemlich nützlich, ein Pferd zu haben, um rasch von einem Ort zum anderen zu gelangen. Je 25 Soldaten der Kavallerie zählen als eine Verteidigungslinie.

DIE FRONTEN

Die verfügbaren Streitkräfte und die Storm Knights selbst können an folgenden wichtigen Fronten stationiert werden.

- **Betsy-Ross-Brücke:** Obwohl die Brücke zerstört ist, kann es durchaus sein, dass Edeinos versuchen werden, den Fluss an dieser Stelle schwimmend oder fliegend zu überqueren. Jeder, der das versucht, ist Sehr verwundbar und wird vermutlich rasch eliminiert werden … natürlich nur, wenn hier auch Verteidiger anwesend sind.

- **Walt-Whitman-Brücke:** Die Brücke selbst ist vollständig blockiert und zählt als drei Verteidigungslinien. Wenn es allerdings keine menschlichen Verteidiger gibt, dann versuchen die Edeinos einfach, sich mit Gewalt durch die Barrikaden zu schlagen.

- **Benjamin-Franklin-Brücke:** Die Brücke selbst zählt bereits als eine Verteidigungslinie und man geht davon aus, dass hier der Hauptangriff der Edeinos stattfinden wird. Hier kann nur eine Verteidigungslinie von Truppen auf einmal kämpfen, doch es kann rasch Ersatz aus dem Stadtzentrum (siehe unten) nachrücken.

- **Rathaus:** Das Rathaus stellt das Herz des Fixpunktes von Philadelphia dar. Wenn es den Edeinos gelingt, es zu verwüsten, dann fällt die Gemischte Zone der Zentralerde und des Lebenden Landes in sich zusammen und praktisch alle Norms werden als Verteidiger nutzlos.

- **Stadtzentrum:** Der Großteil der Bevölkerung und der Ressourcen der Stadt befinden sich in dem Gebiet rund um das Rathaus. Das Gebiet ist vermutlich nicht das Hauptziel des Angriffs, aber die Edeinos sind dafür bekannt, auch gegen die Zivilbevölkerung vorzugehen, wenn sich die Gelegenheit dazu bietet.

- **Vorort Camden:** Dieser Vorort ist verlassen und es ist nicht nötig, ihn zu verteidigen. Eine hier stationierte Truppe könnte allerdings eine Störung für die vorrückenden Edeinos sein. Natürlich besteht dann die Gefahr, dass diese tapferen Leute von einer Streitmacht der Edeinos umringt werden und mit Mann und Maus untergehen. Storm Knights, die hier kämpfen, bekommen es mit Theeklik und mit einer Angriffswelle von Gegnern *jeder* Art zu tun. Der Vorteil an der Situation besteht allerdings darin, dass jeder Held und jede Verteidigungslinie von Truppen hier als eine zusätzliche Verteidigungslinie beim ersten Angriff auf allen anderen Fronten zählt

Sobald der Abend hereinbricht, taucht eine Armee von Edeinos mit Dinosauriern und Gospog aus dem Dschungel auf und marschiert auf die Stadt zu. Wenn man sie nicht behelligt, dann schlagen die Edeinos ein Lager 5 Kilometer vom Fluss entfernt auf und es beginnt eine lange Nacht voller Gesänge und rituellem Getrommel.

VERTEIDIGUNGSLINIEN

Wenn der Angriff schließlich beginnt, werden die Storm Knights gegen einen Teil der feindlichen Streitmächte kämpfen und die Verteidiger der Stadt werden gegen andere Einheiten kämpfen. Das wird so gehandhabt, dass jede Verteidigungslinie einen Teil der Angreifer aufhebt. Wenn genügend Verteidigungslinien an einem bestimmten Ort stationiert sind, dann können sie diese Stellung beliebig lange ohne zusätzliche Hilfe halten. Die Storm Knights wissen ungefähr, wie viele Truppen welcher Art eine Verteidigungslinie bilden, wenn sie ihre Truppen verteilen.

Der Angriff erfolgt an mehreren Fronten und in mehreren Wellen. Eine Verteidigungslinie zählt als „erschöpft", sobald sie eine Angriffswelle abgewehrt hat. Eine erschöpfte Verteidigungslinie trägt nichts weiter zur Schlacht bei, entweder weil ihr die Munition ausgegangen ist oder weil sie zu große Verluste erhalten hat.

Eine *Überreden*-Probe gegen MW 20, die zwischen zwei Angriffen erfolgt, kann dazu genutzt werden, eine erschöpfte Verteidigungslinie so zu inspirieren, dass sie sich erneut sammelt und wieder kämpfen kann.

DIE KRIEGSTROMMELN

Dramatische Szene. Die Edeinos warten bis zum Sonnenaufgang, um mit ihrem Angriff zu beginnen. Wenn es so weit ist, lies folgenden Text vor oder erzähle ihn mit deinen eigenen Worten:

Das Morgengrauen bricht an und eine rote Sonne erhebt sich über die Stadt der brüderlichen Liebe. In der Ferne beginnen die Trommeln erneut zu schlagen und eine Kakophonie von nicht-menschlichen Schreien erhebt sich im Osten.

Ihr könnt sehen, dass die Verteidiger in der Nähe ihre Waffen nochmals kurz überprüfen. Ein Soldat, ein junger Mann im Alter von 19 oder 20 Jahren, blickt zu euch und grinst aufmunternd. Die Stadt hat sich hinter euch vereint und wartet auf die Angreifer.

Die Aufstellung in dieser Szene hängt ganz von den Plänen der Storm Knights ab. Vielleicht haben sie beschlossen, die Franklin-Brücke mit allem zu verteidigen. Vielleicht überqueren sie den Delaware im Schutz der Dunkelheit und bereiten Hinterhalte in Camden vor. Vielleicht marschieren sie sogar nach draußen, um die feindliche Armee in einer offenen Feldschlacht anzugreifen.

In dieser Szene wird beschrieben, wie die Invasoren agieren. Es liegt an der Spielleiterin, die Szene entsprechend auszuspielen, gleichgültig ob es sich um eine Schlacht oder um eine Belagerung handelt.

DER PLAN DER EDEINOS

Die Edeinos sind nicht gerade für komplizierte, strategische Planungen bekannt, was vor allem am niedrigen Sozial-Axiom des Lebenden Landes liegt. Theeklik, die Anführerin dieser Armee, hat sich dennoch ein paar Gedanken gemacht, wie sie die Schlacht führen will.

Sie plant, zuerst den Großteil ihrer Gospog als Schocktruppen zu schicken. Der Hauptangriff zielt dabei auf die Benjamin-Franklin-Brücke. Die Breite der Brücke gestattet es, dass in der vordersten Reihe 20 Gospog auf einmal angreifen können. Die Gospog versuchen, die Barrikaden zu zerstören und jeden Menschen zu töten, auf den sie treffen. Die ersten fünf Wellen greifen allein an, um mehr Verteidiger zur Brücke zu ziehen.

Dann kommen zehn Angriffswellen von jeweils 100 Gospog, und jede Verteidigungslinie zerstört eine Angriffswelle, bevor sie erschöpft wird. Es gibt Zeit zwischen den Wellen, um erschöpfte Verteidigungslinien mit neuen Truppen von anderswo zu ersetzen. Wenn alle Verteidigungslinien erschöpft wurden, können die Storm Knights selbst gegen die Gospog kämpfen, um die Brücke zu halten, oder sich zurückziehen und zulassen, dass die Gospog in das Stadtzentrum gelangen, wo sie sich zerstreuen und Menschen zu jagen beginnen.

Nach den Gospog kommen die Triceratopsreiter. Wenn die Walt-Whitman-Brücke nur schwach verteidigt ist, dann wird Theeklik ihre Triceratops dort einsetzen, während die Gospog die Benjamin-Franklin-Brücke angreifen. Ihre Aufgabe ist einfach: Sie sollen sich schlicht durch alles hindurchkämpfen, das in ihrem Weg steht, und dann das Rathaus angreifen. Wenn die Whitman-Brücke allerdings verteidigt ist oder den Gospog ohnehin bereits ein Durchbruch gelungen ist, dann schickt sie sie zur Franklin-Brücke.

Sobald die Verteidigung überwunden ist oder sowohl Gospog als auch Triceratops gescheitert sind, greifen die Rotkiefer an. Sie haben vor, jeden Menschen zu töten, den sie mit ihren Speeren und Krallen erwischen können.

Sie verteilen sich in der Innenstadt in Kriegsbanden zu je 20 Mitgliedern. Jede verbleibende Verteidigungslinie erledigt eine Gruppe von Angreifern, bevor sie erschöpft ist. Wenn die Verteidiger nicht durch die Gospog oder Triceratops überwunden wurden, dann geben sie die Taktik auf, die Brücke zu überqueren, und schwimmen in Form einzelner Kriegstrupps über den Delaware. Dabei greifen sie überall an der Küste an. Verbleibende Verteidigungslinien können dann je zwei Angriffswellen ausschalten, bevor sie erschöpft werden.

Die Laktenreiter sausen in drei Angriffswellen aus je zehn Einheiten über das Schlachtfeld und werfen mit Wurfspeeren. Eine der Gruppen greift die Storm Knights an, wo auch immer sie sich gerade befinden mögen. Eine weitere Gruppe greift das Rathaus und die nahen Verteidiger an. Die dritte Gruppe bleibt bis zur letzten Schlacht als Reserve.

Theeklik selbst wandert über das Schlachtfeld, mischt sich aber bei den meisten Auseinandersetzungen nicht persönlich ein. Sie weiß, dass der Rest der Armee in Panik geraten würde, sollte sie fallen. Helden, die durch die feindlichen Linien schlüpfen oder im Vorort Camden kämpfen, könnten vielleicht die Gelegenheit erhalten, direkt gegen sie vorzugehen. Theeklik wird normalerweise von der letzten Welle Gospog, Rotkiefer oder Lakten begleitet. Wenn sie fallen sollte, brechen die Edeinos den Angriff ab und fliehen zurück in den Dschungel.

- **Edeinos-Gotak (10):** Benutze die spieltechnischen Werte des Weißspeer-Gotak, siehe Seite 52. Einer von ihnen begleitet jede Welle von Gospog.
- **Gospog der Ersten Pflanzung (1.000):** Siehe *Torg Eternity*. Es handelt sich um zehn Angriffswellen zu je 100 Gospog.
- **Lakten (30):** Siehe Seite 59.
- **Lakten-Reiter (30):** Benutze die spieltechnischen Werte für Edeinos-Bestienreiter, siehe Seite 80.
- **Krieger der Rotkiefer (160):** Benutze die spieltechnischen Werte für Edeinos-Krieger, siehe Seite 80. Es handelt sich um acht Angriffswellen von je 20 Edeinos.
- **Triceratops (30):** Siehe Seite 80. Es handelt sich um drei Angriffswellen von je 10 Triceratops.
- **Triceratops-Reiter (30):** Benutze die spieltechnischen Werte für Edeinos-Bestienreiter, siehe Seite 80.
- **Kriegsherrin Theeklik:** Siehe rechts.

DIE KÄMPFE AUSTRAGEN

Wenn in einer Situation keine Helden anwesend sind, dann erschöpft eine Angriffswelle einfach nur eine Verteidigungslinie, anschließend haben die Storm Knights eine kurze Verschnaufpause, um eine der verbleibenden Verteidigungslinien an einen anderen Ort zu verlegen.

Wenn die Storm Knights bei einem Kampf anwesend sind, dann können sie entweder auf Sicherheit spielen oder den Angriff direkt anführen. Wenn sie auf Sicherheit spielen, dann wird die Verteidigungslinie ganz normal erschöpft. Wenn sie den Ansturm anführen, dann spielst du den Kampf zwischen den Storm Knights und der Hälfte der Angreifer ganz normal aus. Spieler von Charakteren, die sich nicht an diesem Schauplatz aufhalten, können stattdessen Norms aus den Reihen der anwesenden Verteidiger spielen. Wenn die Storm Knights diesen Kampf gewinnen, dann wird die Angriffswelle ausgelöscht, ohne dass eine Verteidigungslinie erschöpft wird.

Helden erholen sich zwischen den Angriffswellen von Schock, aber sie beginnen jeden neuen Kampf mit einem Erschöpfungsresultat für jeden Kampf, an dem sie an diesem Tag bereits teilgenommen haben.

Wenn es den Storm Knights während der ersten Szene nicht gelungen ist, die Norms zu inspirieren (beispielsweise weil sie sich geweigert haben, Geschichten von ihren Taten zu erzählen), dann beginnen die Norms jede Schlacht erschöpft. Eine aufmunternde Rede und eine erfolgreiche Probe auf *Überreden* sorgen dafür, dass sie sich von diesem Schock erholen.

DER AUSGANG

Wenn die Schlacht gewonnen wurde, dann jubeln die Verteidiger begeistert und beginnen mit Siegesfeiern. Die Toten werden begraben, Wunden werden verarztet und der Wiederaufbau beginnt. Die größte Bastion der Zentralerde und der Vereinigten Staaten an der Ostküste hat standgehalten. Wenn der Fixpunkt fällt, dann beschäftigen sich die Edeinos damit, die Überreste der Stadt einzureißen und die Artefakte zu plündern. Die Überlebenden können fliehen, aber sie haben noch eine lange und gefährliche Reise vor sich, bis sie in Sicherheit sein werden.

THEEKLIK

Theeklik ist eine besonders große Kriegerin mit tiefroten Mustern auf ihren Schuppen, die an Blutflecken erinnern. Die roten Flecken verbergen die Tatsache, dass ihre Schuppen dicker als normal sind und über eine dunkelgraue Farbe verfügen. Ihre Hände sind hellgrau und enden in langen schwarzen Krallen.

Zitat: „Dieser tote Ort ist eine Wüste, die mit Blut getränkt werden muss, damit hier wieder etwas wachsen kann!"

Attribute: Charisma 7, Geschicklichkeit 10, Verstand 6, Geist 10, Stärke 12
Fertigkeiten: Ausweichen 12, Einschüchtern 12, Finden 7, Glauben 11, Heimlichkeit 11, Manövrieren 11, Nahkampfwaffen 11, Projektilwaffen 11, Realität 12, Reiten 11, Spurenlesen 8, Tricksen 9, Überlebenskunst 9, Verspotten 8, Waffenloser Kampf 12
Bewegung: 10; **Robustheit:** 14 (2); **Schock:** 10; **Wunden:** 3
Ausrüstung: Hrockt-Sprossenspeer (Schaden *Stärke* +2/14)
Vorzüge: Peitschenschwanz, Rachsüchtig, Steinhaut, Todeskralle
Möglichkeiten: 3
Spezielle Fähigkeiten:
- **Biss/Krallen:** Schaden *Stärke* +3/15, PB 2.
- **Rüstung:** Steinhaut +2.

PHILADELPHIAS VERTEIDIGER

Die Streitkräfte, die den Storm Knights bei der Verteidigung von Philadelphia zur Verfügung stehen, dienen hauptsächlich dazu, um die Anzahl der Angreifer zu reduzieren, denen sich die Charaktere direkt stellen müssen. Ihr Einsatz wird abstrakt abgehandelt. Es kann jedoch sein, dass ein Charakter während der einen oder anderen Auseinandersetzung einen dieser Verteidiger spielen muss. Daher findest du hier ihre Werte.

- **Philadelphia Verteidigungsstreitmacht (800):** Benutze die spieltechnischen Werte für Untrainierte Miliz unten.
- **Pennsylvania Nationalgarde (150):** Benutze die spieltechnischen Werte für Menschliche Soldaten, siehe Seite 80.
- **First Troop Philadelphia Stadtkavallerie (50):** Benutze die Werte für Menschliche Soldaten, siehe Seite 80. Jeder Soldat verfügt über *Reiten* 8 und ist mit einem Pferd (Bewegung 13, Robustheit 13) und einen Säbel (Schaden *Stärke* +2/11) ausgerüstet.

UNTRAINIERTE MILIZ

Attribute: Charisma 6, Geschicklichkeit 6, Verstand 7, Geist 7, Stärke 6
Fertigkeiten: Ausweichen 7, Finden 8, Feuerwaffen 7, Landfahrzeuge 8, Nahkampfwaffen 7, Verspotten 8, Tricksen 8
Bewegung: 6; **Robustheit:** 6; **Schock:** 7; **Wunden:** —
Ausrüstung: 38er Revolver (Schaden 12, Reichweite 12/20/40), Messer (Schaden *Stärke* +1/7)
Vorzüge: —
Möglichkeiten: Niemals
Spezielle Fähigkeiten: —

WAS IST MIT CHAMP?

– VON STEVE KENSON

COSM: ZENTRALERDE UND LEBENDES LAND

SCHAUPLATZ: LAKE CHAMPLAIN, VERMONT

Diese Mission führt die Storm Knights nach Vermont im Nordosten der Vereinigten Staaten. Sie spielt hauptsächlich am östlichen Ufer von Lake Champlain, der einen Teil der Grenze zwischen Vermont und dem Staat New York im Westen bildet. Jetzt ist er außerdem die Grenze zwischen der Gegend, die von der Realität des Lebenden Landes beansprucht wurde, und dem Einflussgebiet der Zentralerde in New England.

EINSATZBESPRECHUNG

Standardszene. Die Storm Knights erhalten folgende Botschaft vom Delphi-Rat:

„Unsere jüngsten Aufklärungsberichte weisen auf zwei Arten von erhöhten Aktivitäten an der Sturmfront des Lebenden Landes beim Tal des Lake Champlain hin. Bei der ersten Aktivität handelt es sich um Sichtungen kleiner Gruppen von Edeinos in Booten auf dem See. Sie sind eindeutig feindselig, doch es handelt sich um eine solch kleine Gruppe, dass wir nicht der Ansicht sind, dass es sich um eine Invasionsstreitmacht handelt, sondern vermutlich um irgendeine Art von Kundschaftern.

Außerdem wurde ein aquatischer Dinosaurier gesichtet, den die örtliche Bevölkerung mit der Legende von ‚Champ', dem Monster von Lake Champlain in Verbindung bringt. Obwohl es sich wahrscheinlich eher um eine Kreatur des Lebenden Landes handelt, möchten wir die These von der Macht der örtlichen Legende nicht von der Hand weisen. Schon oft haben sich nach dieser Invasion erstaunliche Geschichten auf einmal als wahr erwiesen.

Untersuchen Sie die Sichtungen und Aktivitäten auf dem See und handeln Sie entsprechend, wenn es eine akute Bedrohung durch die Edeinos gibt."

BURLINGTON

Standardszene. Obwohl es sich bei Burlington um die größte Stadt von Vermont gehandelt hat, haben dort vor dem Beginn der Possibility Wars auch nur ungefähr 50.000 Leute gelebt. Wie das bei vielen Grenzgebieten der Fall ist, handelt es sich bei Burlington jetzt um eine belagerte Stadt. Viele Flüchtlinge der Zentralerde strömen in die Gegend, vor allem auch aus dem benachbarten New York. Es gibt jedoch auch etliche

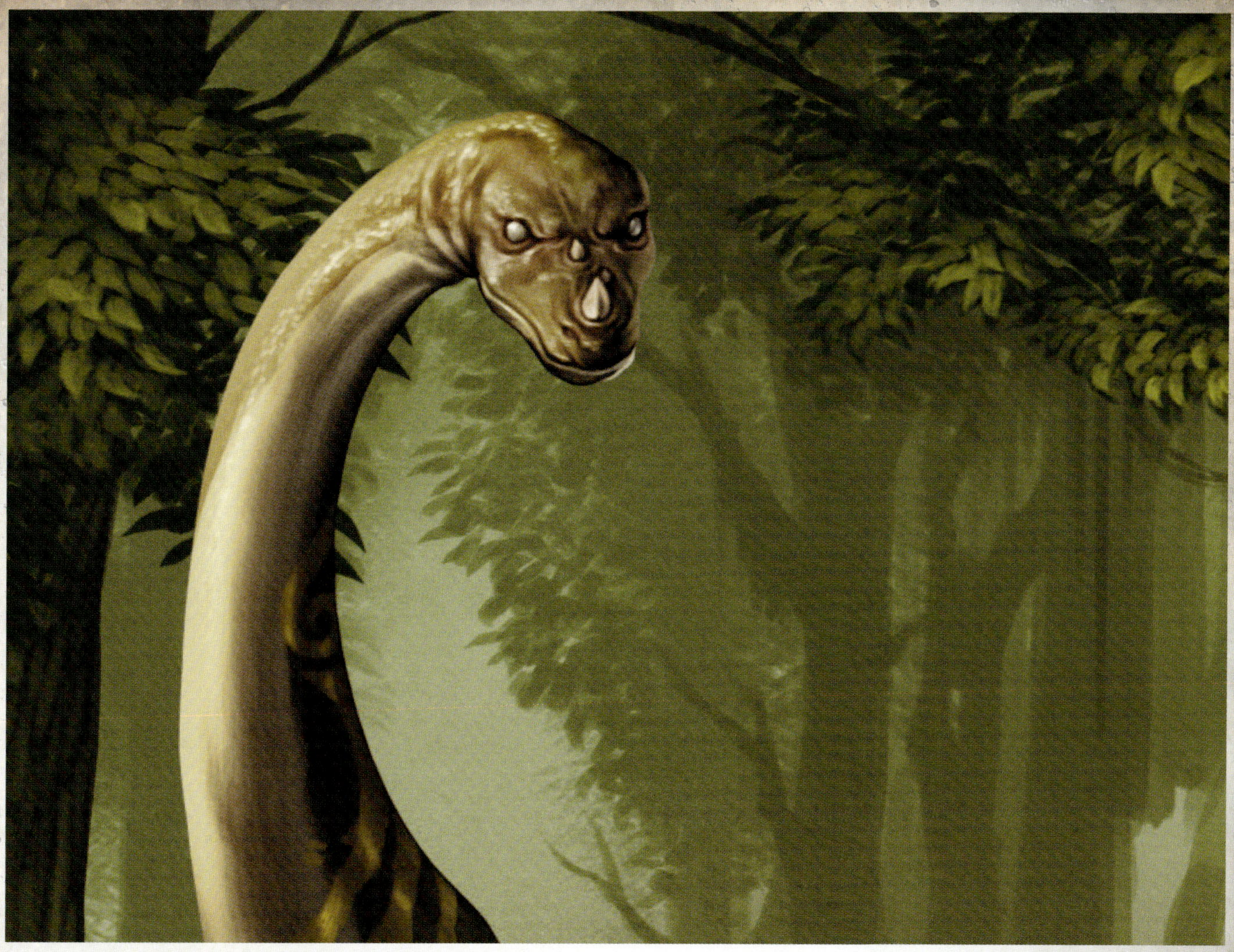

Ist Champ ein Dinosaurier, ein Kryptid oder etwas ganz anderes?

Bewohner, die tiefer in das Territorium der Zentralerde geflohen sind, um weiter von den sich ausbreitenden Grenzen des Lebenden Landes wegzukommen.

Ganz allgemein gesprochen, kann man sagen, dass die abgehärteten Bewohner von Vermont die Eigenschaften ihrer Ahnen aus dem Green Mountain Forest übernommen und sich hier festgesetzt haben, um die Invasoren abzuwehren. Glücklicherweise konzentriert sich die Aufmerksamkeit größtenteils auf andere Gebiete an der nordöstlichen Grenze des Lebenden Landes. Außerdem haben die natürlichen Barrieren, die durch den See und das größere Champlain Tal gebildet werden, dafür gesorgt, dass die Kontakte zu den Edeinos bisher auf ein Mindestmaß reduziert wurden.

Ein paar Kreaturen des Lebenden Landes haben einen Weg in den See und nach Vermont gefunden, und es gibt zusehends ungewöhnliche Sichtungen, so wie dies in der Delphi-Einsatzbesprechung beschrieben wurde.

Von potenziellem Interesse für den Delphi-Rat sind Berichte über die Anwesenheit einer Stele in Vermont. Ihr Standort konnte bisher noch nicht ermittelt werden. Kundschafter und Aufklärer sind auf der Suche danach, und die Agenten des Rates haben den ständigen Befehl, allen Spuren nachzugehen, die zu der Stele führen können. Wenn man sie entwurzeln könnte, würde man dadurch dem Lebenden Land im Nordosten der Vereinigten Staaten einen schweren Schlag zufügen.

In Wahrheit befindet sich die Stele unweit von Vermont im Westen. Es gibt keine Chance, dass die Storm Knights im Rahmen dieses Abenteuers auf sie stoßen. Dennoch stellt sie einen interessanten Abenteuereinstieg dar und du kannst die Idee bei weiteren Abenteuern, die in dieser Gegend spielen, aufgreifen und weiterverfolgen.

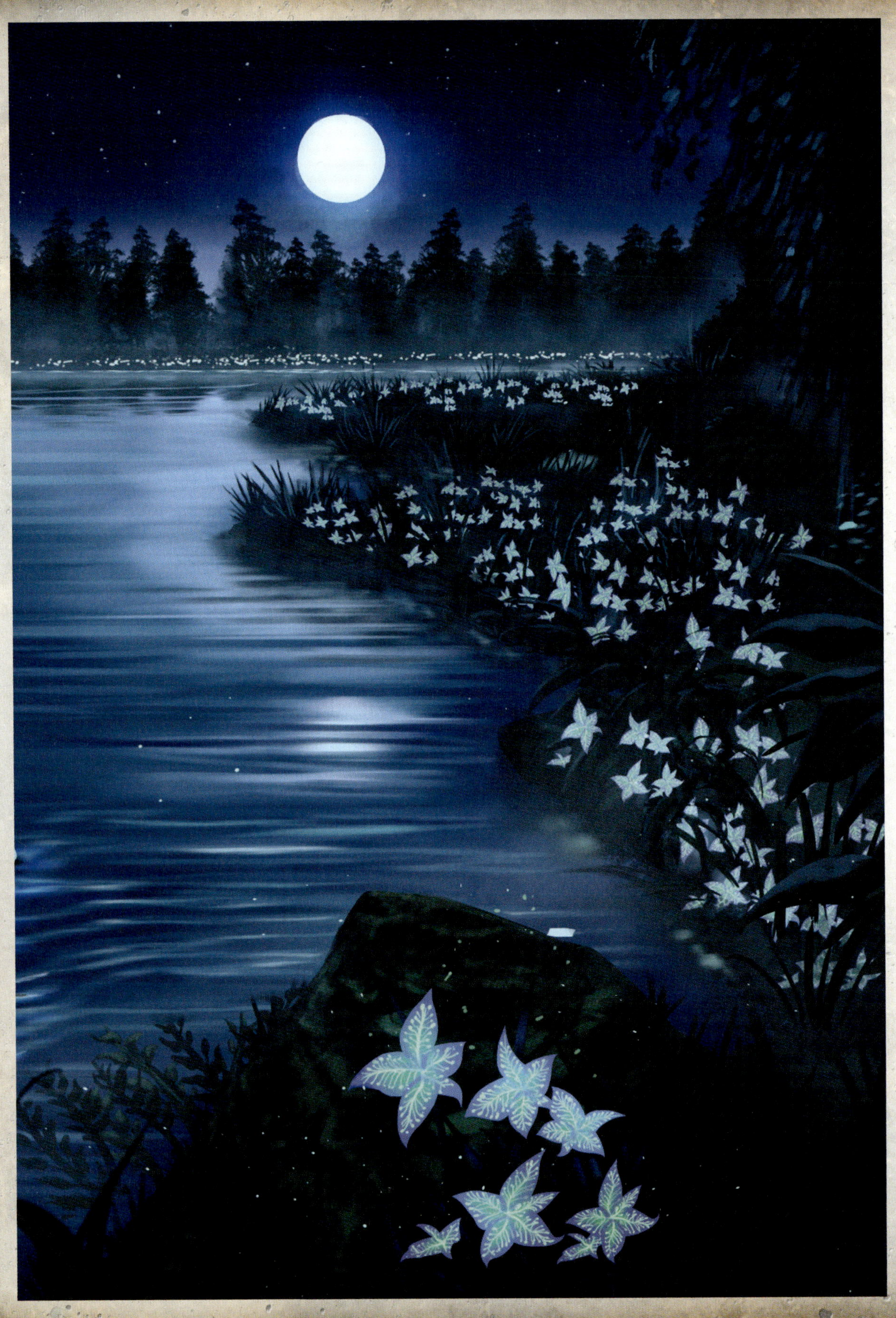

DIE UNTERSUCHUNG

Die Delphi-Agenten können ihre Nachforschungen ganz nach eigenem Ermessen anstellen. Du kannst gern verschiedene Szenen improvisieren, wie beispielsweise die Ankunft in Burlington. Der kleine Flughafen im Osten der Stadt ist noch immer funktionsfähig ebenso die meisten Hauptstraßen. Du kannst auch ein paar Begegnungen am Ufer des Sees improvisieren, wenn sich die Storm Knights dazu entschließen, die Gegend zuerst zu Fuß auszukundschaften. So könnten sie beispielsweise auf eine kleine verzierte Tafel stoßen, die über Champ berichtet und sich am Rand der Parklandschaft am See befindet. Auf diesem Weg kannst du Hinweise platzieren oder die Fantasie der Spieler bezüglich dieses mysteriösen Monsters entfachen.

Früher oder später müssen sich die Storm Knights aber auf das Wasser wagen, um ihre Nachforschungen weiter voranzutreiben. Sie können ein Boot in Burlington organisieren oder mieten. Dabei handelt es sich effektiv um ein Motorboot (siehe *Torg Eternity*). Wenn keiner der Charaktere über die Fertigkeit *Wasserfahrzeuge* verfügt, möchten sie vielleicht auch einen Piloten für das Boot anheuern. Wie es der Zufall so will, ist ein junger, abenteuerlustiger Mann namens Stanley Sorrell für diese Aufgabe verfügbar.

STANLEY SORRELL

Stanleys Ahnen sind Europäer und Abenaki. Er kennt natürlich alle örtlichen Legenden und auch die von Lake Champlain inklusive der Geschichten von Champ, der bei den Abenaki als „Tatoskok" bekannt gewesen ist.

Attribute: Charisma 7, Geschicklichkeit 9, Verstand 8, Geist 9, Stärke 7
Fertigkeiten: Ausweichen 10, Einschüchtern 9, Erste Hilfe 9, Feuerwaffen 11, Finden 9, Heimlichkeit 10, Manövrieren 11, Nahkampfwaffen 10, Überlebenskunst 9, Verspotten 9, Waffenloser Kampf 10, Wasserfahrzeuge 12
Bewegung: 9; **Robustheit:** 8 (1); **Schock:** 9; **Wunden:** 1
Ausrüstung: Lederweste (Rüstung +1), Machete (Schaden *Stärke* +2/9), 12er Schrotflinte (Schaden 14, Reichweite 10/20/30)
Vorzüge: Starker Wille
Möglichkeiten: Keine
Spezielle Fähigkeiten: —

AUF CHAMP TREFFEN

Sobald die Charaktere das Ufer hinter sich gelassen haben, fahren sie auf das ruhige Wasser des von Dunst umflorten Lake Champlain. Ein dichter Nebel überzieht den See an den meisten Tagen. Das ist auch der Fall, wenn die Storm Knights ihre Nachforschungen anstellen. Durch den Nebel sieht man ab und zu die mehrfarbigen Blitze von der westlichen Sturmfront der Realitätsstürme und der grollende Donner hallt über den See. Abgesehen davon liegen das Wasser und der Nebel ruhig dar, es gibt wenig andere Geräusche als den Motor des Bootes. Obwohl die Charaktere vielleicht zu der Ansicht kommen können, dass es sich hier um den Tiefen Nebel des Lebenden Landes handelt, ist es nur ganz herkömmlicher Nebel, obwohl er ähnlich dicht und drückend wirkt. Im Prinzip spielen der Tiefe Nebel im nahen Lebenden Land, die Realitätsstürme und die Bedingungen auf dem See zusammen, um dieses Phänomen zu erschaffen.

Dennoch kommt man auf dem nebligen Gewässer nur langsam voran, da die Sichtweite sehr stark eingeschränkt ist. Die Gruppe muss sich bei ihrer Orientierung ganz auf den Kompass an Bord des Bootes verlassen, da sie die Küste und andere Landmarken rasch aus dem Auge verlieren. Du kannst ein paar Würfel werfen, sodass sie die Spieler nicht sehen können, irgendetwas in einer Tabelle nachlesen und vage, ferne Geräusche oder Schatten in den Nebeln beschreiben, um die Reise auf dem See atmosphärisch zu gestalten. Du kannst hier gern eine weitere Begegnung einfügen, beispielsweise mit einer schwimmenden oder fliegenden Kreatur aus dem Lebenden Land oder mit einem kleinen Kundschaftertrupp von Blaugratedeinos. Diese Gruppe sollte aus maximal vier Gegnern bestehen. Sie könnten entweder die Storm Knights angreifen oder sie ausspähen und dann durch den Nebel verschwinden, um den Optanten Sorek Thon von der Anwesenheit der Charaktere zu informieren, außer diesen gelingt es, sie aufzuhalten.

Nachdem die Charaktere das Gewässer ein paar Stunden lang durchsucht haben, hören die Storm Knights Geräusche im Wasser. Kurz darauf schlagen Wellen gegen den Bug ihres Bootes. Eine gigantische Form ist aus dem Wasser aufgetaucht. Sie ist aufgrund der Nebel kaum zu erkennen, bewegt sich aber in ihre Richtung!

Decke die erste Karte vom Aktionsstapel auf. Die Seekreatur greift weder die Storm Knights noch das Boot an, außer die Charaktere verhalten sich zuerst feindselig. In diesem Fall verteidigt sich Champ nur. Die Kreatur ist wesentlich intelligenter, als man vermuten könnte, und neugierig auf die Charaktere. Ihre anfängliche Einstellung ist neutral, aber falls ein Edeinos bei der Gruppe ist, dann gilt der Modifikator von –4, den der Edeinos aufgrund seiner Eigenschaft *Außenseiter* hat, auf alle Proben auf *Überreden*, die irgendjemand in der Gruppe macht. Mit einem Standarderfolg bei einer *Überreden*-Probe bleibt Champ neugierig und vorsichtig. Bei einem Guten Erfolg reagiert er mit einer freundlichen Geste. Er könnte beispielsweise den Kopf senken und einem Charakter gestatten, ihn zu streicheln. Die Gruppe kann auch Magie, Wunder oder Psikräfte verwenden, um mit ihm zu kommunizieren.

CHAMP

Die Kreatur mit dem langen Nacken erinnert an einen Plesiosaurier, obwohl seine ledrige Haut dunkelbraun ist und er einen roten Streifen rund um den Hals hat. Auf Champs Stirn zwischen den beiden dunklen Augen befindet sich ein weißes, sternförmiges Mal.

Attribute: Charisma 6, Geschicklichkeit 9, Verstand 6, Geist 11, Stärke 14
Fertigkeiten: Ausweichen 13, Einschüchtern 12, Finden 7, Manövrieren 13, Realität 12, Tricksen (11), Verspotten (11), Waffenloser Kampf 14
Bewegung: 7; **Robustheit:** 16 (2); **Schock:** 13; **Wunden:** 5
Ausrüstung: —
Vorzüge: Negierung
Möglichkeiten: 5
Spezielle Fähigkeiten:

- **Biss:** Schaden *Stärke* +2/16, Reichweite 4 Meter.
- **Groß:** Champ ist 8 Meter lang. *Angriffs*-Proben gegen ihn erhalten einen Bonus von +2.
- **Rüstung:** Feste Haut +2.
- **Schwimmen:** Bewegungswert 13 im Wasser.

UNLIEBSAME GESELLSCHAFT

Dramatische Szene. Kurz nachdem die Storm Knights eine freundliche Kontaktaufnahme zu Champ begonnen haben oder es zu einem Kampf gekommen ist, streckt sich die Seekreatur und ein seltsames rotes Leuchten erscheint in ihren Augen. Die Charaktere können einen kehligen, zischenden Singsang hören, der aus dem Nebel dringt.

Eine Art primitives Langboot taucht auf, auf dem die Blaugratedeinos sind, die von Sorek Thon, einem Optanten, angeführt werden. Thon vollführt gerade ein einzigartiges Ritual, mit dessen Hilfe er die Kontrolle über die Seekreatur erlangen will, doch das nimmt einige Zeit in Anspruch und die Edeinos wollen sicherstellen, dass sich die Storm Knights nicht einmischen.

Das Ritual des Optanten wird als Dramatische Probenabwicklung abgehandelt (siehe *Torg Eternity*). Dabei kommt Sorek Thons *Glauben* zur Anwendung, er würfelt gegen einen MW von 11 (Champs *Geist*). Er hat bisher Schritt A vollführt. Sobald er auch Schritt D erfolgreich beendet hat, erlangt er die Kontrolle über Champ und kann ihm befehlen, was immer er wünscht. Bis zu diesem Zeitpunkt ist Champ betäubt. Er windet sich hin und her und wehrt sich gegen die Einflussnahme durch das Ritual, kann aber nicht selbst agieren.

In jeder Runde, in der Sorek Thon eine Aktion gegen die Helden ergreift, kann er nicht weiter am Ritual arbeiten, außer er setzt Mehrfachaktion ein (siehe **Mehrfachaktionen** in *Torg Eternity*).

Wenn Thon das Ritual länger als eine Runde unterbrechen muss, muss er erneut von vorn bei Schritt A beginnen.

Die Edeinos springen ins Wasser, schwimmen zum Boot der Helden und entern es, um die Helden im Nahkampf anzugreifen. Sie versuchen auf jeden Fall, Sorek Thon zu verteidigen, doch sobald sie sich in der Hitze des Kampfes befinden, werden diese Satafresser vom Kampfrausch gepackt und wollen eigentlich nur noch blindwütig ihre Feinde töten.

Der dichte Nebel über dem See sorgt dafür, dass praktisch jeder auf längere Entfernungen so gut wie blind ist. Das bedeutet einen Malus von –6 auf Fernkampfangriffe.

Die Storm Knights können den Singsang von Sorek Thon hören und das Platschen der Blaugratedeinos, die auf ihr Boot zuschwimmen, doch es ist praktisch unmöglich, auf größere Entfernung irgendwelche konkreten Details auszumachen.

Der Nebel sorgt auch dafür, dass du die Anzahl der Edeinos bei Bedarf variieren kannst. Wenn sich zwei Edeinos je Storm Knight als zu geringe Herausforderung herausstellen, dann könnte einfach kurz darauf eine zweite Welle aus dem Nebel auftauchen und angreifen.

Wenn es Sorek Thon gelingt, das Ritual zu beenden, dann befiehlt er Champ, die Feinde der Edeinos zu zerstören. Dies soll der erste Schlag gegen jene sein, die sich dem Willen des Saars von Takta Ker widersetzen. Die Helden können dann gegen Champ kämpfen und ihn entweder k. o. schlagen oder töten. Vermutlich ist es eine bessere Taktik, ihn aus der Kontrolle von Thon zu befreien. Mit einer Spielerentscheidung, die man für eine Interaktionsfertigkeit verwendet, kann man die Kontrolle des Optanten über Champ brechen. Auch gelingt dies mit dem gleichen Erfolgsgrad bei der Anwendung eines geeigneten Wunders wie *Mit Tieren sprechen* oder *Feind abwehren*. Nach Entscheidung der SL können heroische Taten der Spieler, wie beispielsweise jeden Angriff gegen Champ zu vermeiden oder ihn vor den Angriffen anderer zu beschützen, dafür sorgen, dass sie einen Bonus auf diese Aktionen erhalten. Wenn die Spieler unsicher sind, wie sie mit Champ umgehen sollen, kannst du ihnen durch Stanley Sorrell entsprechende Tipps geben.

Auch wenn Sorek Thon k. o. geschlagen oder getötet wird, endet das Ritual und Champ kommt wieder frei. Sobald Champ von dem Ritual befreit ist oder falls er gar nicht erst unter dessen Kontrolle geraten ist, greift er die verbleibenden Edeinos an und vertreibt sie. Wenn Sorek Thon zu diesem Zeitpunkt noch am Leben ist, dann gebührt ihm der ungeteilte Zorn der Seekreatur.

- **Sorek Thon:** Siehe rechts.
- **Blaugrat-Satafresser (2 je Held):** Siehe rechts.

> **„WAS SOLL DAS BITTE HEISSEN? ES HAT DIE REALITÄT VERÄNDERT? ES KANN DIE REALITÄT NICHT VERÄNDERN, ES IST DOCH NUR EIN TIER!“**
>
> **– CARTER DIXON**

BLAUGRAT-SATAFRESSER

Diese Edeinos werden vom Tag ihrer Geburt an im Kampf geschult. Sie wachsen mit einem Speer in den Händen auf und sind bei der Verfolgung von Beute unerbittlich und brutal. Sie können ihre Beute auch mit ihren scharfen Zähnen in Fetzen reißen.

Attribute: Charisma 5, Geschicklichkeit 9, Verstand 6, Geist 8, Stärke 11
Fertigkeiten: Ausweichen 10, Einschüchtern (15), Glauben 9, Heimlichkeit 10, Manövrieren 10, Nahkampfwaffen 11, Spurenlesen 8, Überlebenskunst 8, Verspotten (10), Waffenloser Kampf 12
Bewegung: 9; **Robustheit:** 11; **Schock:** —; **Wunden:** 1
Ausrüstung: Hrockt-Sprossenspeer (Schaden *Stärke* +2/13)
Vorzüge: Rachsüchtig
Möglichkeiten: Selten (2)
Spezielle Fähigkeiten:

- **Berserker:** Diese Edeinos ignorieren Schock.
- **Biss/Krallen:** Schaden *Stärke* +2/13.
- **Schwimmen:** Bewegungswert 9 in Wasser.

SOREK THON

Der Optant ist recht angetan vom Tieftang, wie dies bei allen Angehörigen des Blaugratclans der Fall ist. Im Gegensatz zu seinen Kriegern hat er sich aber bisher von der gefährlichen Satawurzel ferngehalten.

Attribute: Charisma 6, Geschicklichkeit 9, Verstand 6, Geist 11, Stärke 10
Fertigkeiten: Ausweichen 10, Glauben 14, Finden 8, Einschüchtern 13, Manövrieren 11, Nahkampfwaffen 11, Projektilwaffen 11, Realität 13, Überlebenskunst 9, Waffenloser Kampf 11
Bewegung: 9; **Robustheit:** 12 (2); **Schock:** 11; **Wunden:** 1
Ausrüstung: Hrockt-Sprossenspeer (Schaden *Stärke* +2/12), Hrockt-Wurzelrüstung (Rüstung +2, Torso)
Vorzüge: Optant, Wunderwirker (*Feind abwehren, Mit Tieren sprechen, Pflanzen formen, Segnen, Tiere herbeirufen, Waffensegen*)
Möglichkeiten: 3
Spezielle Fähigkeiten:

- **Biss/Krallen:** Schaden *Stärke* +2/12.
- **Schwimmen:** Bewegungswert 9 im Wasser.

WASSER UNTER DER BRÜCKE

Idealerweise ist es den Storm Knights gelungen, die Edeinos aus dem Lebenden Land daran zu hindern, die Kontrolle über Champ zu erlangen und so die Verteidigung der ganzen Gegend rund um Lake Champlain zu gefährden.

Vielleicht ist es ihnen ja auch gelungen, sich mit dem Seemonster anzufreunden. Dadurch stellen sie sicher, dass Champ die Leute in der Nähe des Sees verteidigt. Viele Bewohner von Burlington sind ganz begeistert davon, wenn sie zu hören bekommen, dass Champ nicht nur tatsächlich existiert, sondern ihnen gegenüber freundlich gesonnen ist.

Das Seemonster wird noch viel mehr als je zuvor zum Maskottchen und Verbündeten der örtlichen Bevölkerung, und diese versucht so gut wie möglich, mit ihm zu kommunizieren und zusammenzuarbeiten. Wurde Champ gerettet, so ist er zweifellos ein entschlossener Gegner der Invasoren, die auf das Territorium der Zentralerde vordringen möchten.

Wenn du dieses Abenteuer noch zusätzlich verlängern möchtest, dann werden Champs Handlungen gegen die Invasoren vielleicht von weiteren Beweggründen getrieben, als nur von dem Willen, die Realität der Zentralerde zu beschützen.

- Das Seemonster könnte beispielsweise über jungen Nachwuchs verfügen, den es beschützen will, oder es bewacht einen Schatz wie einen Ewigkeitssplitter, der sich am Boden von Lake Champlain oder in einer Höhle oder geheimen Bucht an seinem Ufer befindet.
- Als realitätsgehärteter Kryptid verfügt Champ vielleicht über ungewöhnliche Kenntnisse zu den Handlungen der Invasoren, oder er weiß sogar, wo sich bestimmte Stelen des Lebenden Landes befinden.
- In dem See könnte sich eine aquatische Ruine oder ein Eingang zu dem Land unter der Erde befinden, und zwar an der Grenze der Sturmfront zwischen den beiden Realitäten. Dies könnte die Helden zu weiteren Abenteuern führen oder vor einer drohenden Gefahr warnen, die kurz davor ist, sich zu erheben, und die die Leute aus Burlington und der umgebenden Gegend bedroht.

WENN DER STURM DREHT

– VON BILL KEYES

COSM: LEBENDES LAND

SCHAUPLATZ: EIN KLEINER FLUGHAFEN UNWEIT DER GRENZE ZWISCHEN MONTANA UND IDAHO

Eine Realitätsveränderung von ein paar Kilometern bedeutet auf der Weltkarte nur einem Katzensprung, doch bei kleinen Grenzstädten oder Lagern, die von solch einer Verlagerung betroffen werden, kann dies zu schweren Konsequenzen führen. Ein derartiges Ereignis hat dafür gesorgt, dass Flüchtlinge und Mannschaften der Air Force festsitzen. Nur ein tapferes Team von Storm Knights kann jetzt noch in das Gebiet vordringen und alle in Sicherheit bringen.

EINSATZBESPRECHUNG

Standardszene. Der Delphi-Rat schickt den Storm Knights eine dringende Botschaft, während sich diese gerade im Westen der Vereinigten Staaten aufhalten. Die Nachricht lautet wie folgt:

„Der kleine Flughafen von Riverbend liegt ungefähr 240 Kilometer östlich der Grenze zwischen Idaho und Montana. Jäger und Ranger nutzen den Flughafen, um die Gegend zu erreichen und zu verlassen. Die örtliche Bevölkerung befindet sich im Besitz der dort stationierten Kleinflugzeuge und nutzt sie manchmal, um die lange Fahrt nach Butte oder Spokane abzukürzen.

Bis jetzt hat das Lebende Land diesen ländlichen Ort noch nicht betroffen, obwohl es sich in seiner unmittelbaren Nähe befindet. Doch vor zwei Tagen hat sich das geändert und die Grenzen des Cosm haben sich plötzlich verschoben. Wir vermuten, dass Kaah eine Backup-Stele aktiviert hat, wodurch sich das Tal plötzlich in eine urtümliche Landschaft verwandelt hat. Unsere Satellitenaufnahmen zeigen jedoch, dass sich der Flughafen selbst nicht verändert hat. Wir gehen daher davon aus, dass es sich bei ihm um einen Fixpunkt handelt.

Das Militär der Vereinigten Staaten hat uns um Hilfe gebeten. Die Veränderung der Grenzen hat einen Realitätssturm ausgelöst, der einen wichtigen Versorgungsflug dazu gezwungen hat, auf dem Flughafen notzulanden. Die Soldaten konnten noch einen Funkspruch absetzen, um Hilfe anzufordern, bevor sie der vorrückende Cosm abgeschnitten hat. Die Leute, die jetzt dort gefangen sind, können nicht einfach wegfliegen. Ihr Auftrag besteht daher darin, sich zu dem Flughafen durchzuschlagen und alle, die dort festsitzen, zu retten. Sie können versuchen, das Militärflugzeug zu übernehmen und die Leute damit in Sicherheit zu bringen oder – falls das scheitert – einen oder mehrere LKWs oder Busse zu verwenden."

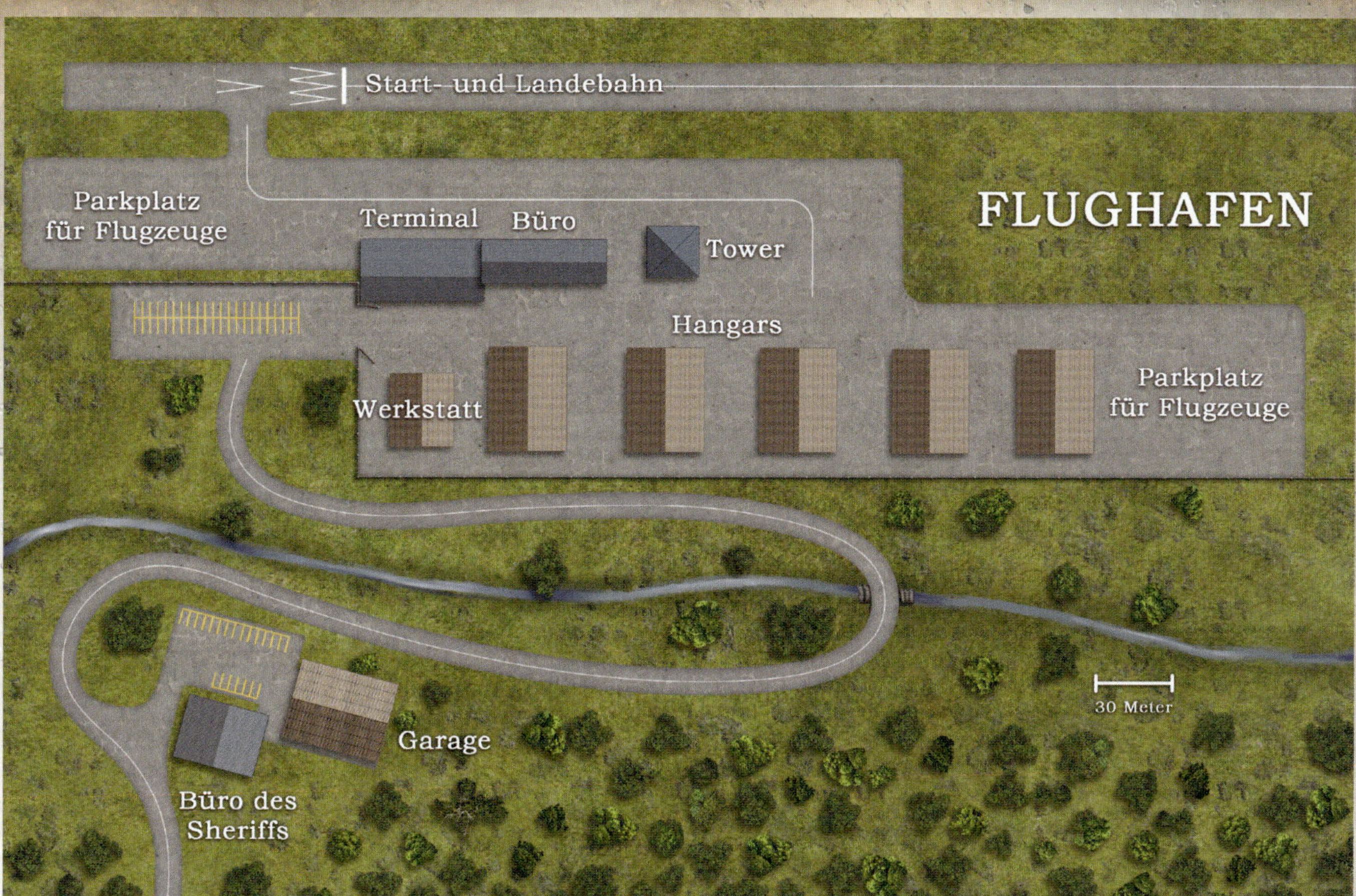

Der betroffene Flughafen.

FLUGHAFEN VON RIVERBEND

Standardszene. Der Flughafen von Riverbend befindet sich auf einem kleinen Hügel, von dem aus man einen guten Ausblick auf die umliegende Landschaft hat. Das Büro des örtlichen Sheriffs befindet sich am Fuß des Hügels entlang der Straße, die zum Flughafen führt. Eine kleine Wohnwagensiedlung befindet sich am Fuß des Hügels unter dem Flughafen. Der Flughafen ist ungefähr 8 Kilometer von der eigentlichen Stadt entfernt, man erreicht ihn durch eine gewundene Straße.

Riverbend ist ein Dorf mit weniger als 500 Einwohnern. Es befindet sich 280 Kilometer von Butte in Montana entfernt, der Weg dorthin nimmt ungefähr 2 1/2 Stunden mit dem Auto in Anspruch. Riverbend liegt mitten im Lolo National Forest und in der Nähe des Indianerreservats Flathead. Von hier aus hat man leichten Zugang zu verschiedenen Aktivitäten wie Camping, Fischen, Wandern, Geländefahrten und Jagen. Dadurch handelt es sich um einen beliebten Flughafen, der früher von zahlreichen Rangern und Naturbegeisterten genutzt wurde, um praktisch mitten in der unberührten Natur zu landen und dort ihren Hobbys nachzugehen. Spokane in Washington befindet sich in einer Entfernung von 240 Kilometern nordwestlich der Stadt, liegt aber inzwischen vollständig im Lebenden Land.

Der Flughafen erstreckt sich auf einem Gebiet von ungefähr 50 Hektar. Er ist von einem hohen Stacheldrahtzaun umgeben. Auf dem Flughafen befinden sich sechs Hangars, in dem im Winter und bei unwirtlichem Wetter kleine Privatflugzeuge untergebracht sind. In jedem Hangar befinden sich bis zu fünf Flugzeuge. Der Flughafen vermietet ungefähr die Hälfte der zur Verfügung stehenden Hangars. Es gibt eine Werkstatt, in der die Piloten einfache Reparaturarbeiten an ihren Flugzeugen ausführen können, allerdings sind dort keine komplizierten Reparaturen möglich. Im Terminal befinden sich eine Handvoll Büros der örtlichen Geschäfte (darunter eine Flugschule und eine Schule für Fallschirmspringer) sowie ein Café mit Verkaufsautomaten und der Tower.

Der Flughafen hat nur eine kombinierte Start- und Landebahn, die von Osten nach Westen verläuft. Sie ist ungefähr 1.500 Meter lang und 25 Meter breit. Aus diesem Grund können dort auch bei gutem Wetter keine großen Flugzeuge landen und es kommt einem Wunder gleich, dass es der militärischen Transportmaschine gelungen ist, dort sicher zu landen.

Am Fuß des Hügels befindet sich das Büro des Sheriffs von Mineral County. Es besteht aus einem großen Gebäude, in dem sich das Büro selbst und Arrestzellen für Gefangene befinden, sowie einer Garage mit verschiedenen Fahrzeugen. Eine enge, stark gewundene Straße führt vom Büro des Sheriffs zum Flughafen hinauf.

In der Nähe des Büros befindet sich außerdem eine Wohnwagensiedlung. Es handelt sich um eine Ansammlung von 30 Trailern, in denen freundliche Leute leben, die aber nicht gerade zur Oberschicht gehören. Die Bewohner reichen von Pärchen im Ruhestand über alleinerziehende Mütter bis hin zu Großfamilien.

Der Weg zum Flughafen ist nicht gerade einfach. Das westliche Montana ist schon an und für sich eine sehr abgelegene Gegend und ist jetzt vom restlichen Amerika durch sich ändernde Realitätsgrenzen und die daraus resultierenden Realitätsstürme abgeschnitten. Die Helden könnten mit einem Flugzeug dorthin gelangen, aber auch das ist nicht einfach. Die Realitätsstürme toben noch immer, wodurch ein Flug eine gefährliche Angelegenheit ist. Während eines Realitätssturms verändern sich die Cosms beständig und springen nicht nur zwischen der Realität der Zentralerde und der Realität des Lebenden Landes hin und her. Die Dinge können dann also wirklich seltsam werden. Die Storm Knights könnten auch nach Butte fliegen und dann den restlichen Weg zum Flughafen von Riverbend fahren. Das dauert natürlich länger, ist aber wesentlich sicherer.

Die Reise nach Riverbend kann eine gute Gelegenheit für die Spielleiterin sein, ein paar kurze Abenteuer mit den Storm Knights zu spielen und dabei Dinge einzuführen, die auf größere, aber spätere Ereignisse hindeuten oder den Helden wichtige Hinweise für den Kampf gegen die Invasoren liefern. Doch lass dir nicht zu lange mit der Reise Zeit, denn schließlich können die Leute, die am Flughafen gefangen sind, nicht ewig durchhalten.

DIE GESCHICHTE BISHER

Eine Militärmaschine war von Kanada aus nach Süden unterwegs. Sie flog entlang der Grenze des Lebenden Landes, hielt dabei aber genügend Sicherheitsabstand, sodass die Mannschaft der Meinung war, sie wäre sicher und würde ungeschoren nach L. A. kommen. Doch ein plötzlich aufflammender Realitätssturm brachte die Maschine vom Kurs ab und zwang sie dazu, auf dem einzigen Flughafen, den sie noch erreichen konnte, eine Notlandung zu machen. Dabei handelte es sich eben um den Flughafen von Riverbend. Da der Flughafen nicht für große Maschinen vorgesehen ist, gelang es der Militärmaschine gerade eben so zu landen. Die Piloten haben einen Funkspruch an ihre Vorgesetzten abgeschickt, diese haben den Delphi-Rat um Hilfe gebeten.

Kurz nach der Landung hat sich die ganze Gegend rund um den Flughafen in eine urtümliche Landschaft verwandelt. Die Leute, die in der Nähe lebten, gerieten in Panik und eilten zum Büro des Sheriffs, weil sie dort auf Hilfe hofften. Während des ganzen Durcheinanders wurde der Flughafen dann von Edeinos angegriffen. Die Soldaten, Beamten und Zivilisten verteidigten sich. Die Edeinos hatten nicht mit einem derartig heftigen Widerstand gerechnet und mussten zurückfallen. Zuvor erlitten allerdings beide Seiten noch schwere Verluste. Jetzt sitzen die Zivilisten und die Soldaten auf dem Flughafen fest.

Seit dem Angriff haben die Soldaten und Zivilisten eine Reihe von Bollwerken errichtet, um den Flughafen zu verteidigen. Sie haben Autos und LKWs quer auf die Straße gestellt, damit die Edeinos dort nicht einfach durchbrechen können. Sie haben die vorderen Tore des Flughafens mit weiteren Autos und mit Sandsäcken blockiert. Außerdem haben sie ein Feldlazarett für die Verletzen im Flughafen und eine Kommandozentrale im Terminal errichtet. Vom Tower aus genießen sie eine ziemlich gute Aussicht, aber der Dschungel rund um den Flughafen ist so dicht geworden, dass die Edeinos ihre aktuellen Aktivitäten gut verschleiern können. Daher wissen die Verteidiger des Flughafens auch nicht im Geringsten, was weiter auf sie zukommen wird. Obwohl sie die Wohnwagensiedlung und das Büro des Sheriffs aufgegeben haben, sind schon zweimal kleine Gruppen dorthin aufgebrochen, um so viele Vorräte wie möglich zu bergen. Dummerweise sind diese tapferen Seelen nicht zurückgekehrt. Die Edeinos führen seit zwei Tagen kleinere Angriffe durch, um die Verteidigungsanlagen auf die Probe zu stellen, haben sich aber bisher noch nicht zu einem großangelegten Ansturm entschlossen.

Glücklicherweise haben die Verteidiger, die aus Soldaten, den Beamten des Sheriffbüros und den Bewohnern der Gegend bestehen, Zugriff auf recht viele Schusswaffen. Dummerweise verwandeln sich diese in ziemlich unhandliche Knüppel, sobald man sich vom Hügel herunterwagt. Daher haben die Menschen kaum eine andere Möglichkeit, als hier auszuharren und auf Hilfe zu warten. Inzwischen beginnen ihnen die Munition und die Vorräte auszugehen. Der Hügel ist ziemlich steil und daher leicht zu verteidigen, aber es gibt nicht genügend Leute, um ständig in alle Richtungen wachsam zu sein. Alles in allem kann man also sagen, dass die Verteidiger momentan ganz gut die Stellung halten können, doch ein weiterer Großangriff wird vermutlich ihre verbleibenden Vorräte aufbrauchen und sie hilflos zurücklassen.

KRIEGSHERR DRAAHAH

Kriegsherr Draahah vom Geisterclan ist ein hoch aufragender Muskelberg voller unterdrücktem Zorn, der allerdings auch über eine gewisse Verschlagenheit verfügt. Er weiß, dass er seine Streitkräfte noch weiter verstärken muss, bevor er den Flughafen erfolgreich überrennen kann. Er hat zu viele Krieger beim ersten Ansturm verloren, denn schließlich hat sich dieser für beide Seiten zu einer

Katastrophe entwickelt. Die Edeinos waren nicht auf den erbitterten Widerstand vorbereitet. Jetzt stellen seine Krieger die Verteidigungsanlagen des Hügels wieder und wieder auf die Probe, während Kriegsherr Draahah an einer entscheidenden Strategie für einen Großangriff feilt.

Zitat: „Die Rosahäuter haben gut gekämpft, aber sie werden unserer Stärke nicht widerstehen können!"

Attribute: Charisma 7, Geschicklichkeit 12, Verstand 10, Geist 11, Stärke 13
Fertigkeiten: Ausweichen 15, Einschüchtern 14, Glauben 12, Heimlichkeit 17, Manövrieren 15, Nahkampfwaffen 17, Realität 12, Tricksen 12, Verspotten 8, Waffenloser Kampf 15
Bewegung: 12; **Robustheit:** 13; **Schock:** 11; **Wunden:** 3
Ausrüstung: Hrockt-Sprossenspeer (Schaden *Stärke* +2/15)
Vorzüge: Chamäleon, Chamäleonhaut, Rachsüchtig, Sprinter, Unnachgiebig
Möglichkeiten: 3
Spezielle Fähigkeiten:

- **Biss/Krallen:** Schaden *Stärke* +2/15.

DIE EDEINOS

Die Edeinos halten den Hügel unter ständiger Beobachtung. Sie haben alle Menschen gefangen genommen oder getötet, die sie in die Finger bekommen haben. Dies gilt vor allem für jene, die den Flughafen verlassen haben, entweder um nach Vorräten zu suchen oder im Rahmen eines verzweifelten Versuchs zu entkommen. Kriegsherr Draahah scheut keineswegs davor zurück, die Gefangen zu foltern, um so viel wie möglich über die Verteidigung des Flughafens in Erfahrung zu bringen.

Zu seinen Streitkräften zählen auch zwei Triceratops, die für den Krieg ausgerüstet sind. Er plant, sie als Speerspitze bei seinem Ansturm einzusetzen, und ist sich sicher, dass ihnen die menschlichen Verteidiger nichts entgegenzusetzen haben. Er wird langsam ungeduldig und wird nicht mehr lange mit einem Großangriff warten. Er erteilt den Befehl zum Angriff nur wenige Stunden, nachdem die Helden beim Flughafen eingetroffen sind. Daher haben diese nur wenig Zeit, um die Verteidiger noch zusätzlich vorzubereiten.

Außerdem hat er Dutzende Krieger und Nebelschreiter des Geisterclans zur Verfügung. Sie sind ihm alle loyal ergeben und sehnen sich nach einer Schlacht. Draahah hat keine Ahnung, warum Baruk Kaah den Talisman eigentlich in seine Finger bekommen möchte. Er sieht es schlicht und einfach als seine Pflicht an, den Hügel zu erobern.

Die Spielleiterin kann die nachfolgende Streitmacht natürlich ganz nach ihrer Einschätzung modifizieren, wenn sie der Ansicht ist, dass sie zu stark oder schwach für die Storm Knights ist.

- **Triceratops (2):** Siehe Seite 80.
- **Edeinos-Krieger (24):** Siehe Seite 80.
- **Geisterclan-Nebelschreiter (24):** Siehe Seite 80.

WAS WIRKLICH VOR SICH GEHT

Warum hat sich der Flughafen nicht ebenfalls transformiert, als sich das Lebende Land in der Gegend ausgebreitet hat? Wie die Storm Knights bald herausfinden werden, ist Riverbend nicht dicht genug besiedelt, um einen Fixpunkt zu erhalten, und außerdem befindet sich hier auch schlicht und einfach kein wichtiges Artefakt oder Monument, das als ein derartiger Anker für die Möglichkeitsenergie der Zentralerde dienen könnte. Tatsächlich geben auch die Einwohner rasch zu, wenn man sie entsprechend ausfragt, dass ihre Heimat ziemlich eintönig und in keiner Weise bemerkenswert ist.

Doch die Helden finden rasch heraus, dass das Militärflugzeug einen Ewigkeitssplitter transportiert (siehe *Torg Eternity*). Es sollte ihn von Alaska nach Los Angeles bringen, um bei der bevorstehenden Schlacht von L. A. nützlich zu sein. Das Militär ist der Ansicht, dass das Artefakt Widerstand gegen die Ausbreitung von Baruk Kaahs Realität liefern kann, und ganz offensichtlich lag man mit dieser Einschätzung goldrichtig.

Baruk Kaah möchte das Artefakt in seine Finger bekommen, und er ist dazu bereit, große Opfer zu bringen, ja er wendet sogar ein wenig von seiner eigenen Möglichkeitsenergie für dieses Ziel auf. Um es zu erobern, hat er eine Backup-Stele am Rand der Grenze aktiviert. Dies hat einen schwerwiegenden Realitätssturm verursacht und dafür gesorgt, dass sich die Grenze verlagert hat. Die Militärmaschine geriet auf ihrem Flug mitten in die veränderte Realität und musste dort auch notlanden. Jetzt hat er einen seiner fähigsten und vertrauenswürdigsten Kriegsherren ausgeschickt, um das Artefakt zu erobern.

DIE VERTEIDIGER

Die Verteidiger des Flughafens sind eine bunt zusammengewürfelte Gruppe, die sich aus Soldaten, Beamten des Sheriffs und Zivilisten zusammensetzt. Dutzende Nichtkämpfer (größtenteils Kinder, Alte und Kranke) kümmern sich um die anderen Aufgaben. Sie bereiten beispielsweise das Essen zu und pflegen die Verwundeten. Die Moral ist auf einem Tiefpunkt angelangt, da inzwischen die Vorräte ausgehen und keiner weiß, wann endlich Hilfe eintreffen wird.

CAPTAIN GRAHAM PORTER

Captain Porter ist ein Absolvent der Militärakademie West Point und führt seine Truppen seit dem Beginn der Invasion erfolgreich an. Er ist klug, mutig und weiß, was er tut. Doch was sich hier gerade ereignet, übersteigt dennoch seine Fähigkeiten und Erfahrung. Er hat Angst vor dem, was kommen wird, doch seine Ausbildung ermöglicht es ihm, seine Gefühle so weit zu unterdrücken, dass man sie ihm nicht anmerkt, und einfach weiterzumachen. Er setzt ein tapferes Gesicht auf, um die Moral seiner Truppe und die der Zivilisten, die sie beschützen, zu erhalten. Er wurde bei dem ersten Kampf um den Flughafen verletzt, sein linker Arm befindet sich noch immer in einer Schlinge.

Obwohl er und seine Leute sich auf einem Flughafen befinden und sich in ihren Reihen mehrere qualifizierte Piloten befinden, fürchtet er sich davor, einen Versuch zu unternehmen, den Flughafen auf dem Luftweg zu evakuieren. Er weiß, dass es gut und gern sein könnte, dass die Maschinen der Flugzeuge einfach versagen, sobald sie den Hügel verlassen, wodurch alle an Bord zum Tode verurteilt wären. Porter weiß, dass er und seine Truppe eine Art von Talisman transportieren, aber er hat keine Ahnung, wie mächtig dieser tatsächlich ist. Er weiß nur, dass er für die Kriegsanstrengungen von entscheidender Bedeutung ist, und er ist bereit, ihn unter Einsatz seines Lebens zu verteidigen.

Unter seinem Befehl stehen momentan noch sechs unverletzte Soldaten. Alle von ihnen sind Veteranen und vertrauen Captain Porter, ohne Fragen zu stellen.

Zitat: „Also gut, Leute. Dafür wurden wir zwar nicht ausgebildet, aber es ist die Situation, mit der wir jetzt fertig werden müssen. Also gehen wir es an."

Verwende für Captain Porter die Werte eines Offiziers und für seine sechs Männer die Werte von Soldaten (beide sind in *Torg Eternity* beschrieben). Sie sind wie bei ihrer Beschreibung mit Feuerwaffen (M-4 Gewehre und Pistolen) ausgestattet, haben aber keinerlei schwere Waffen oder Sprengstoff zur Verfügung.

SHERIFF ROBBY GUIFRIDA

Sheriff Robby Guifrida ist ein Kleinstadtsheriff, der den Großteil seines Lebens in dieser Gegend verbracht hat. Er kennt sein Land wie seine Westentasche und die meisten Leute, die hier leben. Aber das hier? Das übersteigt seine Erfahrungen in jeder Hinsicht. Er hält seine Angst im Zaum, weil er den Eindruck hat, dass Captain Porter die Lage im Griff hat, aber dennoch sind er und seine Hilfssheriffs von großer Sorge erfüllt. Sie möchten am liebsten einen Ausbruch wagen und sich zur nächsten Stadt durchschlagen, vielleicht sogar bis nach Butte. Irgendwo müssen sie doch Hilfe herbekommen können, oder? Bisher haben sie noch keine Anstalten gemacht, diesen närrischen Plan in die Tat umzusetzen, sondern nur eine Menge darüber geredet, doch wenn es zu einem weiteren Großangriff kommt, unternehmen sie vielleicht einen Fluchtversuch.

Robby Guifrida hat vier Hilfssheriffs unter seinem Befehl. Außerdem befehligt er die 14 Zivilisten, die über Schusswaffen verfügen.

Zitat: „Jetzt hört mal zu, normalerweise kontrolliere ich Jagdausweise und sorge für Sicherheit auf den Straßen. Aber mit dem Kampf gegen Dinosauriermenschen habe ich nichts am Hut!"

Benutze für Robby Guifrida und seine vier Hilfssheriffs die Werte für Polizisten aus *Torg Eternity* und für die Zivilisten die Werte für die Untrainierte Miliz auf Seite 29.

DIE KISTE

Die Soldaten transportieren den Gegenstand, der dafür verantwortlich ist, dass die Realität rund um den Hügel noch immer stabil ist. Sie wissen, dass ihre Mission von großer Bedeutung ist, und sie sind bereit, für die Sicherheit des Gegenstandes ihr Leben zu lassen, aber dennoch haben ihre Vorgesetzten ihnen nicht seine wahre Bedeutung erklärt. Porter glaubt, dass es sich um eine Art Talisman handelt, aber darüber hinaus hat er keine Informationen. Der Gegenstand befindet sich in einer abgeschlossenen Kiste, die ungefähr 50 Pfund wiegt. Zwei Leute können sie leicht tragen, aber eine Person hätte damit vermutlich Schwierigkeiten. Die Kiste behindert die Wirkung des darin gelagerten Ewigkeitssplitters nicht.

Die Kiste ist aus Tresorstahl gefertigt und verfügt über ein hochwertiges Kombinationsschloss, wodurch sie extrem schwer zu öffnen ist. Sie wird ständig von mindestens zwei Soldaten bewacht. Captain Porter verfügt selbst nicht über die Kombination und meldet Bedenken an, falls die Storm Knights Versuche unternehmen, sie zu öffnen.

Die Kiste ist Fast Unmöglich (Malus von –10/MW 20) zu öffnen, aber Storm Knights sind zäh und können beinahe alles bewerkstelligen, wenn sie es sich in den Kopf gesetzt haben. Wenn es den Storm Knights gelingt, die Truhe zu öffnen, haben sie dadurch keinen besonderen Vorteil. Vielmehr könnte es für sie schwieriger werden, auf den Gegenstand in der Kiste aufzupassen. Sobald beispielsweise die Flüchtlinge herausfinden, um was es sich handelt (wie beispielsweise die Männer von Sheriff Guifrida), könnten diese zu der Ansicht gelangen, sich den Gegenstand zu schnappen und für einen Fluchtversuch zu nutzen. Sie glauben, sie könnten dadurch bei ihrer Flucht die Realität der Zentralerde mitnehmen.

Aber was befindet sich nun in der Kiste? Es handelt sich um einen Ewigkeitssplitter, der wie ein Talisman fungiert. Er erschafft einen Fixpunkt mit 25 Metern Radius, solange man ihn nicht bewegt. Die Spielleiterin sollte entscheiden, um was es sich dabei genau handelt. Idealerweise hat der Gegenstand auch irgendeine Bedeutung für zumindest einen Teil der Storm Knights. Nachfolgend sind einige Vorschläge zusammengestellt:

- Ein Stück Mondgestein, das von Apollo 11 auf die Erde gebracht wurde.
- John Lennons Brille.

• Ein Stück Felsgestein von Mount Rushmore.
• Ein Baseball, der von Babe Ruth signiert wurde.
• Eisenhowers Stetson.
• Der goldene Dorn, der benutzt wurde, um die erste transkontinentale Eisenbahnlinie der Vereinigten Staaten zu verbinden.
• Ein Stück Filmstreifen von Walt Disneys „Schneewittchen und die sieben Zwerge".
• Ein Programm des Ford's Theatre von jenem Abend, an dem Lincoln erschossen wurde.
• Eine Rettungsweste der Titanic.
• Eine Kopie mit handschriftlichen Notizen von Martin Luther Kings Rede „I Have a Dream".
• Die letzte Doppeladlermünze, die im Jahr 1933 geprägt wurde.

Das Militär weiß (oder vermutet sehr stark), was sie da in ihren Händen haben. Daher wollen sie die ganze Operation möglichst unauffällig durchziehen. Der Delphi-Rat hat gemäß der aktuellen Verordnung das primäre Zugriffsrecht auf alle Ewigkeitssplitter, aber die Armee möchte diesen Splitter selbst verwenden. Captain Porter hat daher den strikten Befehl, den Inhalt der Truhe an ihren Zielort zu bringen, ohne den Delphi-Rat darin zu verstricken. Versuche auf *Überreden* gegen ihn erfolgen mit MW 16. Wenn sich die Storm Knights dabei allerdings auf den ständigen Befehl bezüglich des Umgangs mit Ewigkeitssplittern berufen, erhalten sie einen Bonus von +4 auf ihre Proben.

DAS ABENTEUER LÖSEN

Die Edeinos sind praktisch für ihren Großangriff bereit und warten nur noch auf ihre Befehle. Sobald die Storm Knights eingetroffen sind, wird es nicht mehr lange bis zum Angriff der Edeinos dauern. Die Soldaten und Zivilisten haben sich so gut es geht auf dem Flughafen verschanzt, doch ihre Nerven sind bis zum Zerreißen gespannt und die Anspannung ist hoch. Draahah erteilt kurz nach dem Eintreffen der Helden den Befehl zum Angriff. Der Angriff erfolgt nach Einbruch der Dunkelheit, der aufsteigende Nebel verschleiert die Bewegungen seiner Krieger noch zusätzlich.

Draahah plant einen Sturmangriff mit den Triceratops. Diese sollen die Bollwerke niederrammen und den Großteil der Feuerkraft auf sich ziehen. Der Großteil seiner Krieger, die von Draahah selbst angeführt werden, folgt ihnen direkt hinterher. Sie sollen alle töten, die nicht beim ersten Ansturm zerschmettert wurden. Eine kleinere Gruppe von Nebelschreitern greift von der gegenüberliegenden Seite des Flughafens an. Sie sollen Verstärkungen auf sich ziehen und bei den Verteidigern des Flughafens für Verwirrung sorgen.

Das Ziel der Helden besteht hingegen darin, alle hier zusammen mit dem Ewigkeitssplitter in Sicherheit zu bringen. Dies kann zu verschiedenen Entscheidungen und Handlungen führen:

• Alle Personen, die auf dem Flughafen festsitzen, können sich in das Militärflugzeug quetschen. Es ist jedoch schwierig, mit dem Flugzeug wieder abzuheben, da die Startbahn nicht für solch große Flugzeuge ausgelegt ist. Sie ist selbst unter Idealbedingungen zu kurz und momentan herrscht hier alles, nur keine Idealbedingungen. Deswegen erleidet die Probe auf *Luftfahrzeuge* einen Malus von –4, durch die MF von –4 des behäbigen Flugzeugs landen wir bei einer MW von 18.
• Eine andere (theoretische) Möglichkeit besteht darin, mehrere kleine Flugzeuge zu nehmen. Momentan befinden sich 16 kleine Flugzeuge in den Hangars und es gibt ausreichend Treibstoff. In jedem dieser Flugzeuge haben allerdings nur vier oder fünf Passagiere Platz und es gibt nicht genügend Piloten, um ausreichend Flugzeuge zu bemannen.
• Die Helden könnten auch versuchen, die Linien der Edeinos zu durchbrechen und alle über Land mit einem LKW oder einem Bus in Sicherheit zu bringen. Das ist natürlich nicht ungefährlich.
• Die Helden könnten versuchen, den Standort der Backup-Stele zu lokalisieren, die dafür gesorgt hat, dass sich die Grenzen verschoben haben, und sie zerstören. Dadurch würde die Grenze des Lebenden Landes wieder dorthin zurückkehren, wo sie zuvor gewesen ist. Das könnte allerdings einen weiteren Realitätssturm auslösen.
• Lass ruhig zu, dass sich die Storm Knights eine kreative Lösung für das Abenteuer ausdenken! Wenn sie scheitern und Baruk Kaah Zugriff auf den Ewigkeitssplitter erlangt, dann zerstört er ihn und nimmt seine Möglichkeitsenergie in sich auf. Dadurch hat er den Verteidigern der Zentralerde eine wichtige Waffe genommen, die sie andernfalls gegen ihn eingesetzt hätten.

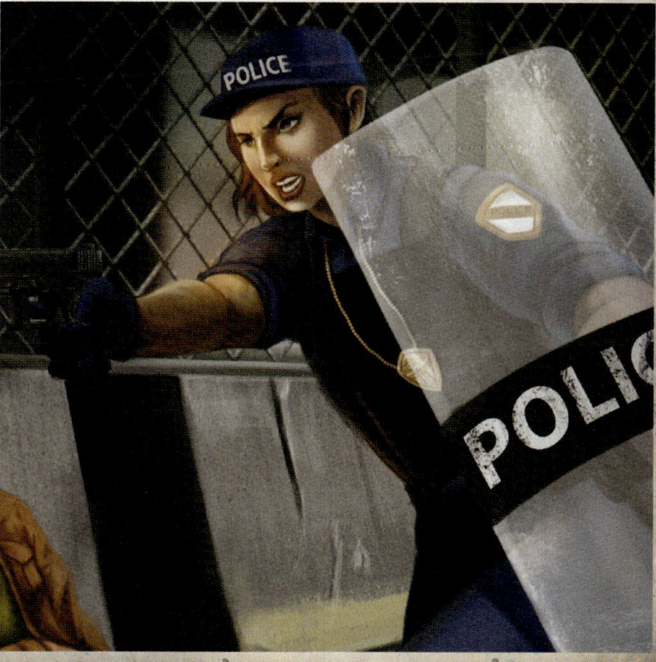

HEFTIGER EINSCHLAG

– VON JOHN TERRA

COSM: LEBENDES LAND

SCHAUPLATZ: YUCATÁN-HALBINSEL

Ein verrückter Schurke aus dem Nil-Imperium sammelt Material von einem uralten Meteoriteneinschlag, der für die Entstehung der Yucatán-Halbinsel verantwortlich gewesen ist. Ein seltsamer Talisman erschafft eine Gemischte Zone des Nil-Imperiums, vergleichbar mit jener außerhalb der Kali-Station in Indien.

EINSATZBESPRECHUNG

Standardszene. Die Storm Knights befinden sich auf dem Frachtschiff *Blatant Lie*, das sich im Besitz des Delphi-Rates befindet und 15 Kilometer vor der Küste Yucatáns ankert. Damit befindet es sich sicher in den Gewässern der Zentralerde. Das Frachtschiff dient als Anlaufpunkt, an dem Agenten ihre Vorräte auffrischen können, als schwimmendes Spital und als Kommunikationsaußenposten für Storm Knights und anderes Personal des Delphi-Rates und des Militärs. Es ist für alle Eventualitäten gut gerüstet und verfügt über einen Hubschrauberlandeplatz und eine kleine Flottille von Begleitbooten.

Während sich die Storm Knights gerade darauf vorbereiten, das Schiff zu verlassen und auf ihren nächsten Einsatz zu gehen, stürmt der Funkoffizier mit einer wichtigen Nachricht zu ihnen herein:

„Achtung! Achtung! Hierbei handelt es sich um einen vorrangigen Missionsbefehl höchster Prioritätsstufe! Im Verlauf des letzten Monats wurde in regelmäßigen Abständen ein Luftschiff ungefähr 15 Kilometer nordöstlich von Merida gesichtet. Wir müssen davon ausgehen, dass es sich um ein Eindringen des Nil-Imperiums in dieses Territorium handelt. Alle aktuellen Missionen sind ausgesetzt, bis die hier verfügbaren Storm Knights feststellen können, was die Streitmächte des Nil-Imperiums auf Yucatán wollen, und ihre Pläne aufgehalten sind. Hiermit erteilen wir die Erlaubnis, dass das Team einen der Katamarane der Blatant Lie *nimmt, um die Küste von Yucatán zu erreichen. Durch das Axiomchaos ist ein neuer Fluss entstanden, wir schlagen vor, dass ihn die Storm Knights flussaufwärts segeln, um rascher ins Landesinnere zu gelangen. Sobald Sie Ihre Mission beendet haben, ist es wichtig, dass Sie so rasch wie möglich beim nächsten Außenposten oder einer sonstigen Anlage des Delphi-Rates darüber Bericht erstatten. Ende der Übertragung."*

Der Delphi-Rat stellt den Charakteren einen Katamaran (siehe rechts) zur Verfügung, um beim neuen Fluss der Yucatán-Halbinsel an Land zu gehen. Sie können andere Ausrüstung ganz normal anfordern, es steht im Prinzip alles zur Verfügung, was man auf einem derartigen Versorgungsschiff verfügbar haben sollte.

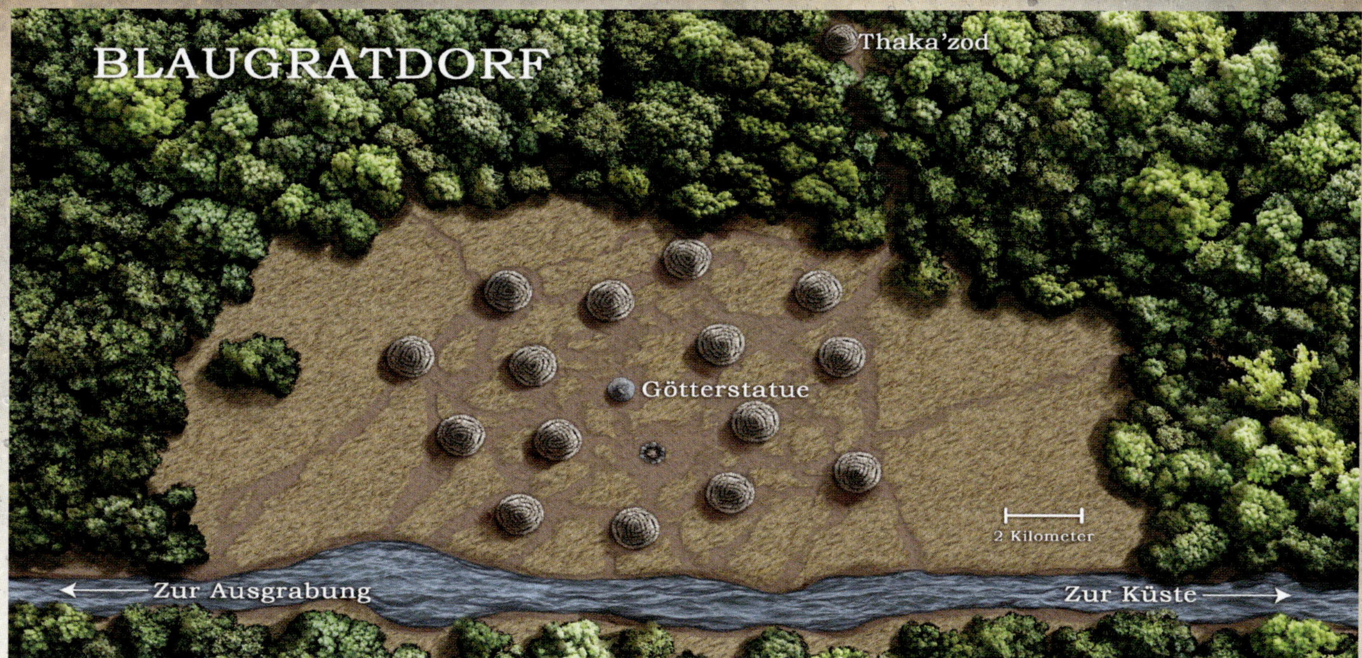

Das Dorf auf dem Weg zu der mysteriösen neuen Pyramide.

KATAMARAN

Dieses kleine, von Hand gefertigte Segelfahrzeug ist auch im niedrigen Tech-Axiom des Lebenden Landes voll funktionsfähig. Der Delphi-Rat geht davon aus, dass ein derartiges Fahrzeug sogar bis zu einem Tech-Axiom von 5 funktionsfähig wäre, was natürlich nur schwer überprüfbar ist. Katamarane sind klein und zuverlässig, können jedoch durch Stürme und durch Angriffe von großen Raubtieren, die in den Gewässern von Yucatán nun häufig sind, in enorme Schwierigkeiten geraten.

Höchstgeschwindigkeit: 20 km/h (8); **Robustheit:** 12; **Wunden:** 2

- **Passagiere:** 6
- **Manövrierfähigkeit:** Malus von –2 auf *Wasserfahrzeuge* für Verteidigung oder Verfolgungsjagden.
- **Verstärkt:** Ein Katamaran hat +5 *Robustheit* gegen Kollisionen.
- **Groß:** Angriffe gegen den Katamaran erfolgen aufgrund der Größe mit einem Bonus von +2 zum Treffen.

DER HAI IST BISSIG

Standardszene. Diese Begegnung ereignet sich, wenn sich die Gruppe bereits in Sichtweite der Küste befindet, also in einer Entfernung von ungefähr 50 Metern. Ein Megalodon greift das Boot an!

Wenn das Boot zerstört wird, muss jeder Held zur Küste schwimmen. Das ist ziemlich anstrengend und jeder, der keine erfolgreiche Probe auf *Stärke* (Schwer, MW 12) ablegt, erleidet 2 Schockschaden durch die Erschöpfung. Die Storm Knights können sich davon erst erholen, nachdem sie sich mit Azt'Nra und dem Dorf der Blaugrate auseinandergesetzt haben (siehe unten).

Nach dem Kampf gegen den Riesenhai bemerken die Charaktere eine einzelne Gestalt, die ihnen vom Ufer aus wild zuwinkt. Sie befindet sich dort, wo die Mündung des kürzlich entdeckten Flusses ist.

- **Wütender Megalodon:** Siehe Seite 8.

AZT'NRA AUS DEM DSCHUNGEL?

Standardszene. Sobald die Storm Knights das Ufer erreichen, sehen sie einen Edeinos, der ihnen zuwinkt und sie begrüßt. Der Fremde trägt den Namen Azt'Nra. In stockendem Englisch beschreibt er ihnen, dass es sich bei ihm um den König des Dschungels handelt.

Fragen ihn die Charaktere nach Details, erklärt er ihnen bereitwillig, dass er früher zum Blaugratclan gehört hat, doch man ihn ausstieß, nachdem er sich verändert hat. Bittet man ihn darum, das doch genauer zu erklären, führt er aus, dass ein Angehöriger seines Stammes bei einer Kundschaftermission einen Stein gefunden hat, der in Form eines göttlichen Edeinos, einer legendären göttlichen Gestalt, geschnitzt war. Der Stein wurde im Zentrum der Ansiedlung platziert, um ihn entsprechend zu ehren. Doch als ihn Azt'Nra berührte, veränderte er sich. Er war noch immer der gleiche Edeinos, doch tief im Innersten fühlte er sich anders. Er fühlte sich getrieben, einen Kreuzzug zu beginnen, durch den Dschungel zu streifen und jenen zu helfen, die seine Hilfe benötigen, Freundschaft mit den Tieren zu schließen und all das. Der Häuptling seines Stammes spürte instinktiv, dass etwas mit ihm nicht stimmte, und forderte ihn auf, den Stamm zu verlassen und nie wieder zurückzukehren.

Er hat die „große fliegende Blase" unweit des Berges „aus aufgeschichteten Steinen" gesehen. Er meint, die Storm Knights müssten nur dem Fluss folgen. Sie würden dann an seinem ehemaligen Dorf vorbeikommen und schließlich zu dem großen Steinhaufen gelangen. Die Steinstatue beschäftigt Azt'Nra weiterhin, aber er fordert die Storm Knights nicht auf, deswegen etwas zu unternehmen.

Die SL kann entscheiden, dass sein Dinosauriergefährte momentan noch nicht aus den Dschungel auftaucht, und diese Begegnung für eine dramatische Gelegenheit zu einem späteren Zeitpunkt aufheben.

AZT'NRA

Azt'Nra ist von der Steinstatue betroffen. Bei dieser handelt es sich in Wahrheit um einen Nil-Talisman in der Form von Sebek, dem Krokodilgott. Dieser hat zu einer Transformation des Edeinos geführt: Er verhält sich jetzt wie ein heroischer König des Dschungels in bester Groschenromantradition. Tatsächlich war sogar das Exil aus seinem Dorf von dem Talisman angestoßen, weil dies seiner Hintergrundgeschichte ein dramatisches Detail hinzufügt hat, das gut zu seiner neuen Identität passt.

Zitat: „Ich verteidige den Dschungel und die Unschuldigen vor den Ausschreitungen der bösartigen Invasoren, wo immer sie auch herkommen mögen!"

Attribute: Charisma 5, Geschicklichkeit 9, Verstand 6, Geist 8, Stärke 11
Fertigkeiten: Ausweichen 12, Einschüchtern (15), Glauben 9, Heimlichkeit 10, Manövrieren 12, Nahkampfwaffen 12, Realität 10, Spurenlesen 12, Überlebenskunst 10, Verspotten (10), Waffenloser Kampf 12
Bewegung: 9; **Robustheit:** 11; **Schock:** –; **Wunden:** 3
Ausrüstung: Hrockt-Sprossenspeer (Schaden *Stärke* +2/13)
Vorzüge: Rachsüchtig, Tiergefährte (Gark, der Ankylosaurier)
Möglichkeiten: 3
Spezielle Fähigkeiten:
- **Berserker:** Azt'Nra ignoriert Schock.
- **Biss/Krallen:** Schaden *Stärke* +2/12.
- **Der Herr des Dschungels:** Bewegungswert 12, indem er sich von einer Ranke zur anderen schwingt.
- **Schwimmen:** Bewegungswert 9 im Wasser.

GARK (JUNGER ANKYLOSAURIER)

Attribute: Charisma 3, Geschicklichkeit 7, Verstand 3, Geist 10, Stärke 13
Fertigkeiten: Ausweichen 8, Einschüchtern 11, Finden 6, Manövrieren 8, Verspotten (8), Waffenloser Kampf 10
Bewegung: 10; **Robustheit:** 17 (4); **Schock:** 10; **Wunden:** 1
Ausrüstung: –
Vorzüge: –
Möglichkeiten: Nie
Spezielle Fähigkeiten:
- **Groß:** Diese Kreatur ist so groß wie ein kleines Auto. *Angriffs*-Proben gegen sie erhalten einen Bonus von +2.
- **Rüstung:** Panzerplatten und Schuppenhaut +4.
- **Schwanzkeule:** Schaden *Stärke* +2 (15).

Sobald Azt'Nra die Storm Knights mit allen notwendigen Informationen versorgt hat, kündigt er theatralisch an, dass er aufbrechen muss, um Unschuldige zu beschützen, und schwingt sich mit einer Liane davon, die er plötzlich in den Händen hält. In Wahrheit verfolgt er die Gruppe mit einem Sicherheitsabstand, um darauf zu achten, dass sie sich nicht in Schwierigkeiten bringen.

EINE KURIOSE GÖTTERSTATUE

Das Dorf der Blaugratedeinos liegt gut 11 Kilometer weit flussaufwärts und befindet sich am rechten Flussufer. Dort leben 36 Edeinos, der Altar befindet sich genau in der Mitte der Ansiedlung. Die Sebekstatue strahlt die Realität des Nil-Imperiums in einem Radius von 100 Metern aus. Dadurch wird das Gebiet zu einer Gemischten Zone des Nil-Imperiums und des Lebenden Landes.

Diese Edeinos sind den Storm Knights gegenüber nicht feindselig gestimmt. Sie sind allerdings auch nicht positiv eingestellt. Wie sie also auf die Fremden reagieren, liegt ganz an deren Verhalten. Doch da wäre noch die Sache mit dem Nil-Talisman.

Der Talisman ist eines von 10 Artefakten, die angeblich von Doktor Möbius erschaffen wurden (dadurch auch der Energieschub) und die vom Aussehen her verschiedenen ägyptischen Göttern nachempfunden sind. Die Talismane wurden in der ganzen Welt verstreut, um für Chaos zu sorgen und um den Einfluss des Nil-Imperiums zu verstärken. Der erste derartige Talisman hat in dem Abenteuer **Horchposten Kali antwortet nicht** im Abenteuerband *Delphi-Missionen – Der Sturm kommt* eine Rolle gespielt.

Zu jedem Zeitpunkt wacht zumindest ein Blaugratedeinos über die Statue. Ob die Storm Knights etwas bezüglich dieses Götzenbildes unternehmen wollen oder nicht, liegt ganz an ihnen. Denke aber daran, dass die Edeinos nicht vorhaben, sich von der Statue freiwillig zu trennen.

Nebenbei erwähnt: Wenn die Storm Knights sehr erfolgreich dabei sind, Freundschaft mit den Edeinos zu schließen und die Spielleiterin „als Belohnung" dafür etwas wirklich Mieses mit ihrer Gruppe anstellen will, dann gibt es da ein ganz spezielles Ritual, das nur den besten Freunden der Blaugrate vorbehalten ist.

Die überaus freundlichen Edeinos schlagen den ehrenwerten Gästen vor, einen aus ihrer Reihe auszuwählen, dem dann die ultimative Ehre der Edeinos zuteilwerden soll. Der Auserwählte wird eins mit Lanala und der Natur werden. Eine derartige Ehre zu verweigern, würde tatsächlich einen enormen Affront für die begeisterten Edeinos darstellen und die Beziehungen zwischen den Storm Knights und den Edeinos unwiderruflich verderben. Ein gewalttätiges Ende des Zusammentreffens wäre die Folge.

Nehmen die Charaktere an, dann besteht die Ehre darin, dass der Auserwählt 200 Meter weit in den dichten Dschungel nördlich des Dorfes geführt wird. Dort wartet eine fleischfressende Pflanze auf ihn, die als Thaka'zod bezeichnet wird. Dass man an diese Pflanze verfüttert wird, stellt eine ultimative Ehre dar, weil man so wahrlich eins mit der natürlichen Welt wird!

THAKA'ZOD

Attribute: Charisma 6, Geschicklichkeit 10, Verstand 8, Geist 13, Stärke 15
Fertigkeiten: Ausweichen 12, Einschüchtern 15, Finden 10, Realität 14, Waffenloser Kampf 14
Bewegung: 1; **Robustheit:** 15; **Schock:** 13; **Wunden:** 5
Ausrüstung: —
Vorzüge: —
Möglichkeiten: 5
Spezielle Fähigkeiten:
- **Angst:** Die Pflanze verursacht Angst.
- **Biss und Tentakel (2):** Schaden *Stärke* +3/18.
- **Groß:** Die Pflanze ist über 10 Meter groß. *Angriffs*-Proben gegen sie erhalten einen Bonus von +2.
- **Immunität:** Magie.
- **Unerbittlich:** Die Pflanze ignoriert Schock, Erschöpfung hat keine Auswirkungen auf sie.

DIE PYRAMIDE

Wenn die Storm Knights dem Fluss weiter landeinwärts folgen, stoßen sie schließlich auf eine alte Stufenpyramide, die sich über den Dschungel erhebt. Mit einer Sehr schweren (MW 16) *Finden*-Probe bemerken sie eine Art von Mast, der oben an der Pyramide angebracht ist. Dabei handelt es sich um einen Verankerungsmast für ein Luftschiff des Nil-Imperiums, das die Gegend patrouilliert. Der Mast ist außerdem ein Talisman, der die Realität des Nil-Imperiums in einem Radius von 100 Metern ausstrahlt.

Das Nil-Imperium hat ein Lager am Fuß der Pyramide aufgeschlagen. Dies hat allerdings keinen tiefergehenden Grund. Die Pyramide hat sich einfach als eine gute Stelle erwiesen, um das Luftschiff zu vertäuen, und die Streitkräfte des Nil-Imperiums haben kein Interesse an den Dingen, die die Pyramide verbirgt (wenn dies überhaupt der Fall ist). Insgesamt befinden sich hier 16 Sturmsoldaten und 12 Gospog der Ersten Pflanzung. Die Gospog sind gerade damit beschäftigt, drei enorme Löcher auszuheben.

Wenn sich die Storm Knights auch nur ein wenig Zeit nehmen, um sie dabei zu beobachten, dann können sie erkennen, dass die Gospog Erdreich ausheben und die Sturmsoldaten dann den Dreck durchwühlen. Offensichtlich suchen sie nach etwas Bestimmtem. Ab und zu packt ein Sturmsoldat ein paar Gesteinsbrocken und wirft sie in einen großen Behälter.

Wenn es der Gruppe gelingen sollte, sich lautlos an den Behälter anzuschleichen, dann stellen sie fest, dass darin unförmige und eiförmige Brocken aus einem

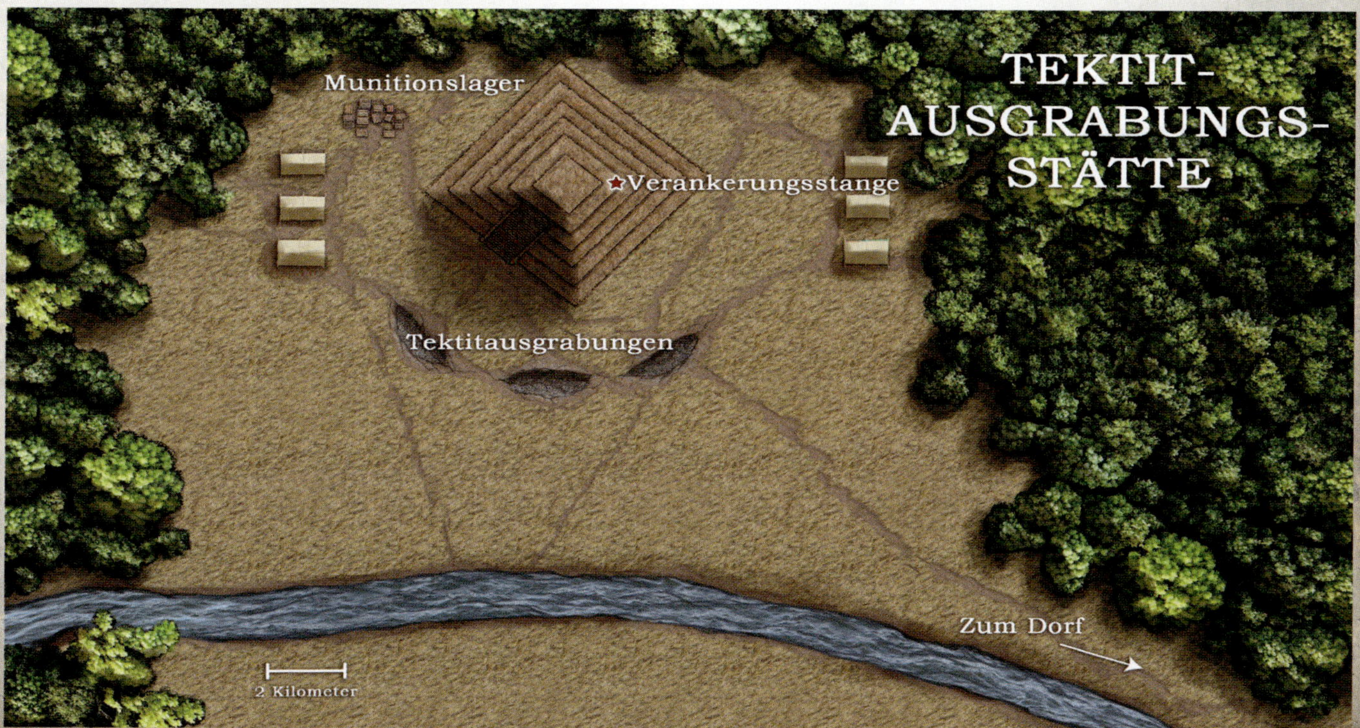

seltsamen Gestein sind, das eine grünschwarze Farbe hat und an Glas erinnert. Mit einer Schweren Probe (MW 14) auf *Wissenschaft* erkennen die Storm Knights, dass es sich um Tektit handelt. Dieses Material ist eine Art natürliches Glas, das entsteht, wenn ein Meteorit einschlägt.

Die Szene rund um die Pyramide sollte langsam und vorsichtig behandelt werden. Gib den Storm Knights die Gelegenheit, herumzuschleichen und Informationen zu sammeln, bevor sie entdeckt werden. Dadurch steigerst du nur die Spannung, bevor …

DER SCHRECKENSZEPPELIN

Dramatische Szene. Wenn du der Ansicht bist, dass nun ein geeigneter Zeitpunkt ist, damit die Action so richtig in Fahrt kommt, gleitet ein Zeppelin heran und schwebt auf die Verankerungsstange über der Pyramide zu.

Sobald sich die Storm Knights zeigen (vermutlich sobald sie den Angriff auf den Zeppelin eröffnen, außer sie haben zuvor bereits das Lager angegriffen), dann taucht eine Gestalt in dem großen Fenster der Gondel auf, falls das Luftfahrzeug zu diesem Zeitpunkt noch über der Pyramide schwebt oder dort angedockt ist.

KRIEGSZEPPELIN!

Der Zeppelin des Wolkenmeisters ist mit durchaus schweren Waffen ausgestattet. Wenn er die Gelegenheit hat, dann greift er lieber außer der Reichweite von Speerschüssen an und deckt seine Gegner mit verheerendem Feuer ein.

Höchstgeschwindigkeit: 100 km/h (12); **Robustheit:** 15; **Wunden:** 5

- **Bewaffnung:** Zwei 50 mm Maschinengewehre (Schaden 16, PB 2, Reichweite 500/1000/2000, Langer Feuerstoß), eine 75 mm Panzerkanone (Schaden 28, PB 6, Reichweite 500/1000/2500, Mittlere Explosion)
- **Brennbar:** Im Nil-Imperium verwendet man gefährlichen Wasserstoff für derartige Flugschiffe. Wenn ein Feuerangriff eine Wunde beim Zeppelin verursacht, beginnt er zu brennen und erleidet in jeder weiteren Runde eine zusätzliche Wunde, bis er zerstört ist.
- **Manövrierfähigkeit:** Malus von –6 auf *Luftfahrzeuge* für Verteidigung oder Proben.
- **Passagiere:** 24. Momentan halten sich nur 4 Mannschaftsmitglieder an Bord auf, außerdem noch 4 Sturmsoldaten, die die Waffen bemannen. Die anderen Sturmsoldaten sind beim Tempel stationiert.

Bei der Gestalt handelt es sich um den Wolkenmeister, einen niederen Schurken des Nil-Imperiums, der sich der Sache von Doktor Möbius angeschlossen hat. Luftschiffe sind seine Berufung und Leidenschaft. Er begrüßt die Helden mit einer dramatischen Ansprache und liefert ihnen damit praktischerweise die ganzen Informationen, die sie gesucht haben.

„Ihr Narren! Wisst ihr nicht, wo ihr seid? Erkennt ihr die Bedeutung dieses Ortes? Wir sind im Krater von Chicxulub, dem Ort jener Explosion, der die Dinosaurier eurer Welt vor so langer Zeit ausgelöscht hat! Was für ein alles verändernder Zwischenfall, was für ein Auslöschungsereignis. Es hat die Geschichte eurer Welt für immer verändert. Ein derartiger Ort muss ja zwangsläufig reich an Möglichkeitsenergie sein.

Seht euch die Tektite an. Sie speichern diese Energie! Angesichts der titanischen, die Erde erschütternden Explosion ist es extrem wahrscheinlich, dass einige von ihnen reichhaltige Möglichkeitsenergie gespeichert haben. Sie wartet nur darauf, von meinem Meister, dem weisen und mächtigen Doktor Möbius angezapft zu werden. Ihr werdet die Tektite nicht bekommen! Sie gehören uns! Und jetzt schaut. Meine Bodeneskorte hat euch erreicht und bringt euch die Verdammnis!

Seht die Macht der Sturmsoldaten auf ihren Velociraptoren. Seht und verzweifelt, denn sie werden das Letzte sein, das ihr jemals sehen werdet! Ha, ha, ha!“

Und tatsächlich taucht aus dem Unterholz des Dschungels eine große Gruppe von Velociraptoren auf, auf denen jeweils ein Sturmsoldat des Nils reitet.

Wenn du den Eindruck hast, dass die Helden überwältigt werden könnten, dann taucht Azt'Nra auf, der sich natürlich mit einer Liane mitten in die Schlacht schwingt und dabei einen markerschütternden Kriegsschrei ausstößt. Kurz darauf bricht sein treuer Tiergefährte Gark donnernd aus dem Dschungel und greift ebenfalls in die Schlacht ein.

Falls sich die Storm Knights als überlegen erweisen, versucht der Wolkenmeister, so rasch wie möglich die Flucht zu ergreifen. Du kannst ihn jedoch weitere Kommentare von sich geben lassen, in denen er, wie das Schurken nun mal so tun, wichtige Details seines Auftrags enthüllt.

Kurz zusammengefasst, sieht die Sache wie folgt aus: Doktor Möbius hat die Geschichte dieser Welt studiert und ist zu dem Schluss gelangt, dass sich an den Schauplätzen von umwälzenden historischen Ereignissen vermutlich große Mengen von Möglichkeitsenergie gesammelt haben. Er hat den Wolkenmeister und eine kleine Abteilung seiner Armee nach Yucatán geschickt, um die Tektite an der Einschlagstelle des Meteors zu finden und zu untersuchen. Sie sollen herausfinden, ob sie Möglichkeitsenergie von diesem Einschlag, der die ganze Welt verändert hat, gespeichert haben.

- **Große Raptoren (2 je Held):** Siehe rechts.
- **Sturmsoldat-Raptorenreiter (1 je Raptor):** Siehe rechts.

GROSSER RAPTOR

Es gibt viele Arten von Raptoren im Lebenden Land. Diese hier sind groß genug, dass wagemutige oder besonders närrische Menschen darauf reiten können.

Attribute: Charisma 5, Geschicklichkeit 10, Verstand 5, Geist 8, Stärke 11
Fertigkeiten: Ausweichen 12, Einschüchtern 9, Finden 8, Heimlichkeit 11, Manövrieren 11, Tricksen 8, Verspotten (10), Waffenloser Kampf 12
Bewegung: 12; **Robustheit:** 10 (1); **Schock:** 8; **Wunden:** 1
Ausrüstung: –
Vorzüge: –
Möglichkeiten: Nie
Spezielle Fähigkeiten:
- **Biss/Krallen:** Schaden *Stärke* +2/13.
- **Rüstung:** Schuppenhaut +1.
- **Ungehorsam:** Bei einem Rückschlag schafft es der Raptor, seinen Reiter abzuschütteln, zu Tode zu beißen und zu fliehen.

STURMSOLDAT-RAPTORENREITER

Diese Eliteeinheit stellt die Eskorte des Luftschiffs dar und begleitet es am Boden.

Attribute: Charisma 6, Geschicklichkeit 7, Verstand 7, Geist 8, Stärke 8
Fertigkeiten: Ausweichen 8, Einschüchtern 9, Erste Hilfe 8, Feuerwaffen 8, Finden 8, Gassenwissen 8, Landfahrzeuge 8, Manövrieren 8, Nahkampfwaffen 8, Reiten 8, Schwere Waffen 8, Tricksen 8, Überlebenskunst 8, Verspotten 7
Bewegung: 7; **Robustheit:** 8; **Schock:** 8; **Wunden:** –
Ausrüstung: Keule (Schaden *Stärke* +2/10), MP-40 (Schaden 13, Reichweite 10/25/40,Kurzer Feuerstoß)
Vorzüge: –
Möglichkeiten: Selten (2)
Spezielle Fähigkeiten: –

DER WOLKENMEISTER

Der Wolkenmeister hat sich früher Doktor Dirigible genannt. Er ist ein niederer Schurke aus dem Nil-Imperium, der sich Doktor Möbius angeschlossen hat und jede Gelegenheit nutzt, um mit seinem Kriegszeppelin für Tod und Verderben zu sorgen. Er ist von Luftschiffen besessen und seine Stimme klingt wie die von Peter Lorre. Bei Einsätzen wie diesem verlässt er sich auf sein Kraftfeld, dessen Generator in seinem Gürtel steckt, und auf seinen Raketenrucksack, um drohender Gefahr zu entgehen. Der Wolkenmeister ist ganz versessen darauf, sich neu zu erfinden (daher auch die Namensänderung) und zu einem wahren Superschurken zu werden. Dem stehen leider seine begrenzte Erfahrung und sein relativ enges Einsatzgebiet (Luftschiffe) entgegen.

Zitat: „Wer die Wolken beherrscht, beherrscht die Welt!"

Attribute: Charisma 7, Geschicklichkeit 10, Verstand 12, Geist 12, Stärke 6
Fertigkeiten: Beweisanalyse 13, Feuerwaffen 13, Finden 15, Gelehrsamkeit 15, Luftfahrzeuge 15, Verspotten 12, Waffenloser Kampf 11, Wissenschaft 16
Bewegung: 4; **Robustheit:** 6; **Schock:** 12; **Wunden:** 4
Ausrüstung: Mauserpistole (Schaden 13, Reichweite 10/20/40), Kriegszeppelin, Raketenrucksack (Tech 20, Höchstgeschwindigkeit 320 (14), MF 0, Wunden 1, Robustheit 13)
Vorzüge: Kraftfeld (Gürtelgerät, 5 Ladungen)
Möglichkeiten: 5
Spezielle Fähigkeiten:
- **Schadenfreude:** Wenn es sich bei *Verspotten* oder *Einschüchtern* um eine Anerkannte Aktion handelt, kann der Wolkenmeister die gesamte Gruppe ohne Malus für Mehrfach-Zielauswahl anvisieren. Betroffene Helden müssen eine zufällige Karte von der Hand abwerfen.
- **Schergen:** Der Wolkenmeister darf einen erlittenen Treffer auf einen Lakaien übertragen, der sich einige Meter von ihm entfernt aufhält, wenn ihm eine *Realitäts*-Probe gelingt.

NACHSPIEL

Die große Frage, die sich hier stellt, lautet: Gibt es jetzt eigentlich Tektite, die Möglichkeitsenergie gespeichert haben, oder nicht? Das muss die SL entscheiden.

Bisher wurden keine derartigen Steine von den Streitkräften des Nil-Imperiums gefunden, doch wenn man weitersucht, könnte man durchaus noch einen derartigen Fund machen. Wenn man genügend Tektite auf einen Haufen wirft, dann funktionieren sie wie ein Ewigkeitssplitter mit einer Möglichkeit und einem Anwendungs-Mindestwurf von 14.

Wenn die Storm Knights nach derartigen Tektiten suchen, sollte es ihnen die SL maximal ermöglichen, vier derartige Cluster an der Einsturzstelle des Meteoriten zu finden. Dabei spielt es keine Rolle, wie lange sie suchen und welche Resultate sie erzielen.

DINOSAURIER DER ERDE – VON RON LUNDEEN

COSM: LEBENDES LAND

SCHAUPLATZ: FIELD MUSEUM OF NATURAL HISTORY, CHICAGO, ILLINOIS

Weißspeeredeinos werden von einem bisher unbekannten Fixpunkt in Chicago angelockt. Sie sind auf der Suche nach den „heiligen" Knochen eines berühmten Tyrannosaurusskeletts.

EINSATZBESPRECHUNG

Standardszene. Diese Szene beginnt damit, dass Alice „das Gespenst" Burton aus den Schatten auftaucht und dem Team seine aktuellen Befehle überreicht. Während die Storm Knights diese noch studieren, tippt sie sich an die Schläfe und ist bereits wieder verschwunden.

„Eine große Gruppe von Zivilisten der Zentralerde hält sich im Field Museum in Chicago auf. Das Innere des Gebäudes ist ein Fixpunkt. Sowohl das Gebäude als auch die unschätzbaren Relikte, die dort aufbewahrt werden, sind Symbole der Zentralerde. Die Überlebenden haben fortschrittliche hydroponische Gärten im Museum errichtet und wagen sich auch immer wieder auf den Lake Michigan und die überfluteten Parks in der Nähe, um Vorräte und Nahrung zu sammeln. Wir haben von ihnen unregelmäßige Informationen über die Bewegungen der Edeinos in der Gegend per Funk erhalten, doch alle Kommunikation ist vor ungefähr einer Woche abgebrochen. Zudem haben wir Nachrichten von einem anderen Team Storm Knights erhalten, dass die Anzahl an Patrouillen von Edeinos, die Rec Stalek anbeten – den Edeinosgott des Todes –, in der Gegend des Field Museums in den letzten Tagen stark zugenommen hat. Diese Storm Knights wussten nicht, dass sie die Gelegenheit hätten nutzen sollen, um das Wohlergehen der Gemeinschaft im Museum zu überprüfen, da diese dafür bekannt ist, sich möglichst unauffällig zu verhalten.

Zwei Kilometer südlich von Ihrer Stellung befindet sich ein ultraleichter Helikopter. Nehmen Sie ihn und fliegen Sie damit in geringer Flughöhe über den Lake Michigan zum Field Museum. Es gibt gerade genug Platz im Helikopter für Ihr Team, Samen für die hydroponischen Gärten und eine Handvoll Waffen. Landen Sie auf dem Museum und dringen Sie vom Dach aus in das Gebäude ein. Stellen Sie sicher, dass es diesen Leuten gut geht, und warnen Sie sie vor der verstärkten Patrouillenaktivität, falls sie noch nicht davon wissen. Versuchen Sie auch herauszufinden, warum diese Todesanbeter auf einmal so sehr an der Gegend interessiert sind.

Es handelt sich um einen dringenden Einsatz der Geheimhaltungsstufe Alpha. Guten Flug, Storm Knights!"

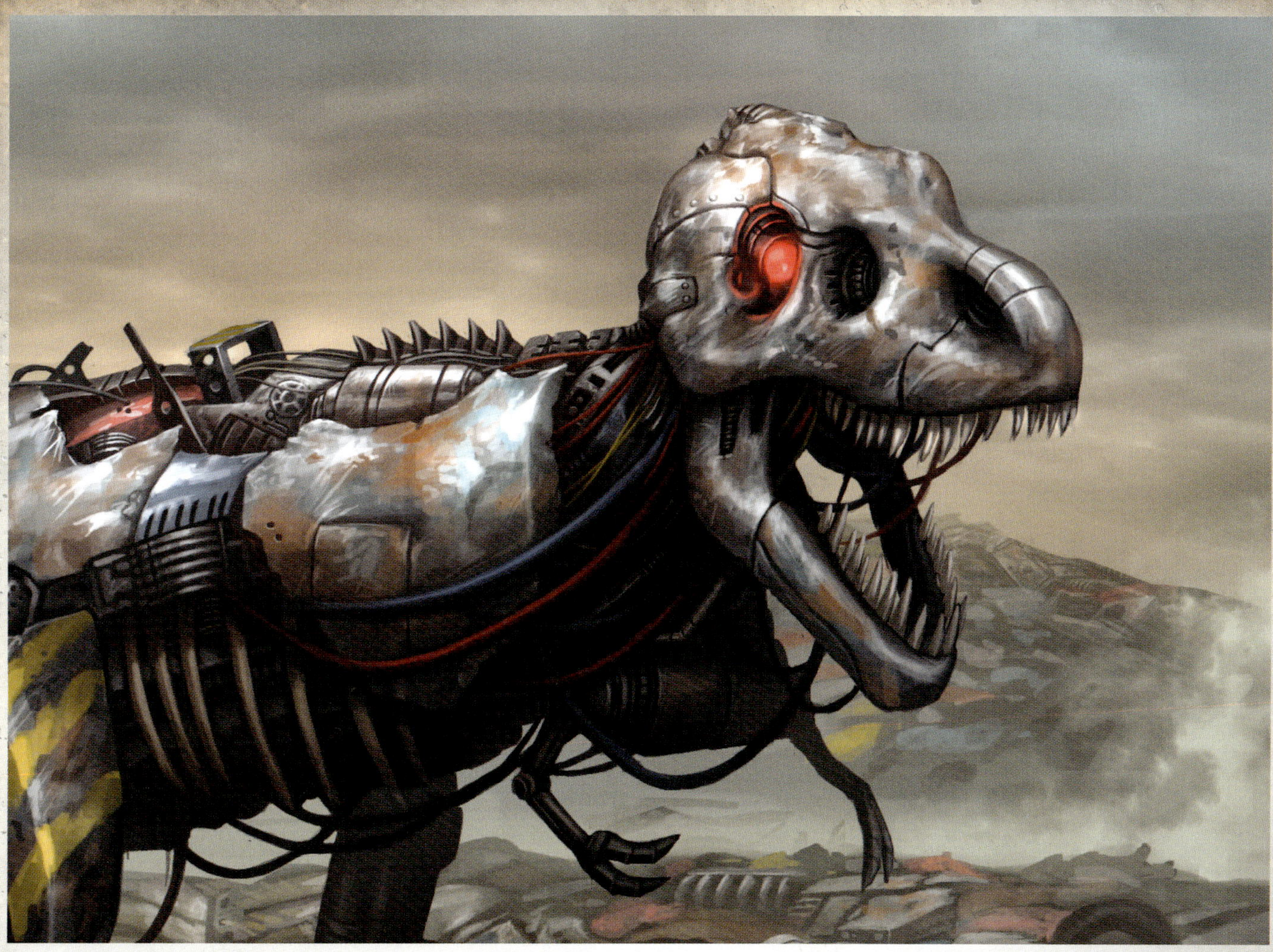

Ein Schicksal schlimmer als der Untod erwartet Sue, wenn die Weißspeere ihren Willen bekommen!

Der Helikopter wartet an der beschriebenen Stelle auf die Helden. An der Konsole ist eine Karte des Field Museums fixiert. Wenn keiner der Storm Knights über die Fertigkeit *Luftfahrzeuge* und ein Tech-Axiom von 23 oder besser verfügt, dann wartet eine gut gelaunte Pilotin des Delphi-Rates namens Nina Harbrick beim Helikopter. Nina ist eine Nichtkämpferin und hat den Befehl, beim Helikopter zu bleiben. An Bord des Helikopters befinden sich mehrere Seesäcke, in denen sich zerlegte Maschinengewehre, Munition und Nachschub für die Leute im Museum befinden. Insgesamt haben diese Güter ein Gewicht von 500 Pfund.

Der Flug mit dem Helikopter verläuft ohne Zwischenfälle. Die Storm Knights landen sicher auf dem Field Museum of Natural History. Es liegt am Rand des Lake Michigan in der Innenstadt von Chicago. Da Chicago Teil des Lebenden Landes ist, ist die Skyline der Stadt von dichter Vegetation überwuchert, mehrere Gebäude sind verfallen oder sogar in andere Gebäude gestürzt. Ein Großteil der Osthälfte der Stadt ist überflutet, im Wasser schwimmt Schutt aller Art. Das Field Museum erhebt sich über der Wassergrenze und ist von der Innenstadt durch einen nebelverhangenen Sumpf getrennt, bei dem es sich einst um den Grant Park gehandelt hat.

AUF DEM FIELD MUSEUM

Standardszene. Der Hauptbereich des Museums wird als die Stanley Field Hall bezeichnet. Es befinden sich hier zahlreiche große Dachflächenfenster, die Licht ins Innere lassen. Diese sind jedoch zum Teil gesprungen, das Glas liegt jetzt am Boden, 25 Meter weiter unten. Die Stanley Field Hall ist gigantisch. Sie hat eine Breite von 25 Metern und eine Länge von 100 Metern. Hier findet man unter anderem Totempfähle der Indianer und sogar Dioramen, die kämpfende Elefanten darstellen, doch am beeindruckendsten ist wohl dennoch Sue. Bei Sue handelt es sich um das am besten erhaltene Skelett eines Tyrannosaurus Rex der ganzen Zentralerde.

Und Sue ist auch der Grund, warum die Edeinos auf einmal solch ein Interesse am Field Museum entwickelt haben. Einer von Thrakmoss' Leutnants, ein ausgezehrter Gotak, der selbst an einen wandelnden Kadaver erinnert und sich Husk Knochenfresser nennt, hat kürzlich von der Existenz von Sue erfahren. Husk ist der Ansicht, dass ein belebtes Dinosaurierskelett, das ursprünglich von der Zentralerde stammt, über Kräfte beider Realitäten verfügen würde. Es wäre also nicht nur realitätsgehärtet (ganz im Gegensatz zu den meisten Untoten), sondern würde auch die Wildheit des Lebenden Landes mit der Verschlagenheit der Zentralerde vereinen.

Die Zivilisten im Field Museum haben den Großteil des zur Verfügung stehenden Platzes in der Stanley Field Hall in eine Hydroponik-Anlage verwandelt. Sie nutzen die zahlreichen Öffnungen im Dach, durch die sehr viel Licht eindringt. Zu jedem Zeitpunkt hält sich Mindestens ein Dutzend Zivilisten in der Halle auf. Sobald sich die Storm Knights auf dem Dach zeigen und nach einer kurzen Schrecksekunde, in der die Zivilisten erkennen, dass es sich bei den Neuankömmlingen nicht um Angreifer handelt, begrüßen sie diese freudig.

Ungeduldige Helden können versuchen, sich direkt zum Boden hinabzulassen. Die zerstörten Dachflächenfenster sind groß genug für die Helden, aber der Helikopter passt nicht hindurch. Wenn die Storm Knights über mindestens 25 Meter Seil verfügen, können sie sich mühelos nach unten abseilen und müssen nicht einmal eine Probe machen. Andernfalls können sie durch eines der zerbrochenen Fenster auf einen Balkon klettern und von dort nach unten gelangen. Dazu ist eine Einfache (MW 8) *Stärke*-Probe erforderlich. Bei einem Fehlschlag erleiden sie normalen Fallschaden.

Es ist vielleicht klüger, sich ein wenig umzusehen. Dann findet man rasch die Zugangstür auf dem Dach. Sie ist versperrt, lässt sich aber mit einer Einfachen (MW 8) *Schlossknacken*-Probe öffnen.

Andernfalls können sie nach unten rufen und darum bitten, dass man die Tür öffnet. Eine gewitzte 17-jährige namens Mara Elliot läuft rasch nach oben und öffnet sie für sie.

Die Zivilisten nutzen den Zugang zum Dach, um die umliegende Stadt im Auge zu behalten, aber sie haben dort keinen permanenten Wachposten aufgestellt, um möglichst wenig Aufmerksamkeit auf sich zu ziehen.

Husk Knochenfresser

Die Zivilisten

Die Storm Knights werden von den Zivilisten im Field Museum freudig begrüßt. Insgesamt handelt es sich um etwas über 50 Leute, die jetzt im Museum leben. Viele von ihnen sind Schüler des Lane Tech College, die mit ihrer Naturwissenschaftslehrerin Rose Vanderven auf einem Schulausflug waren, als es zur Invasion gekommen ist. Das akademische Wissen von Frau Vanderven hat sich für die Überlebenden als besonders nützlich erwiesen. Der offizielle Anführer der kleinen Gemeinschaft ist ein energetischer junger Mann namens Quentin Winter, ein Footballstar der Universität von Chicago, der aktiv dabei geholfen hat, weitere Zivilisten während der großen Überflutung aus dem Grant Park zu retten.

Obwohl keiner der Zivilisten sich freiwillig dazu entschieden hat, hier im Field Museum zu leben, haben sie ihr Schicksal akzeptiert und arbeiten eifrig daran, sich ein Leben aufzubauen, das auch seine angenehmen Seiten hat. Sie wissen, dass sie einen wichtigen Dienst leisten, indem sie die Relikte hier von den Edeinos fernhalten und regelmäßige Berichte über die Bewegungen der Invasoren schicken. Vor einer Woche hat ein Blitzschlag die starke Funkanlage der Gemeinschaft zerstört und so ihre Kommunikation von der Außenwelt abgeschnitten. Die Versuche der Überlebenden, sie zu reparieren, sind bisher erfolglos geblieben, doch die Storm Knights können ihnen sicher zur Hand gehen. Die Reparatur erfordert eine Schwere (MW 14) *Wissenschaft*–Probe.

Quentin Winter

Ein flinker, drahtiger junger Mann in seinen frühen 20ern, der als begeisterter Fan von Superheldengeschichten aufgewachsen ist und sie sich zum Leitbild gemacht hat. Er weiß, wie wichtig es ist, anderen zu helfen. Quentin ist stets zum Einsatz bereit. Er ist ein geborener Anführer, seine Energie und sein Enthusiasmus sind ansteckend. Viele der jungen Leute im Field Museum vergöttern ihn und selbst die älteren Zivilisten wissen seine positive Einstellung und seinen Willen, alles für die Gemeinschaft zu geben, zu schätzen.

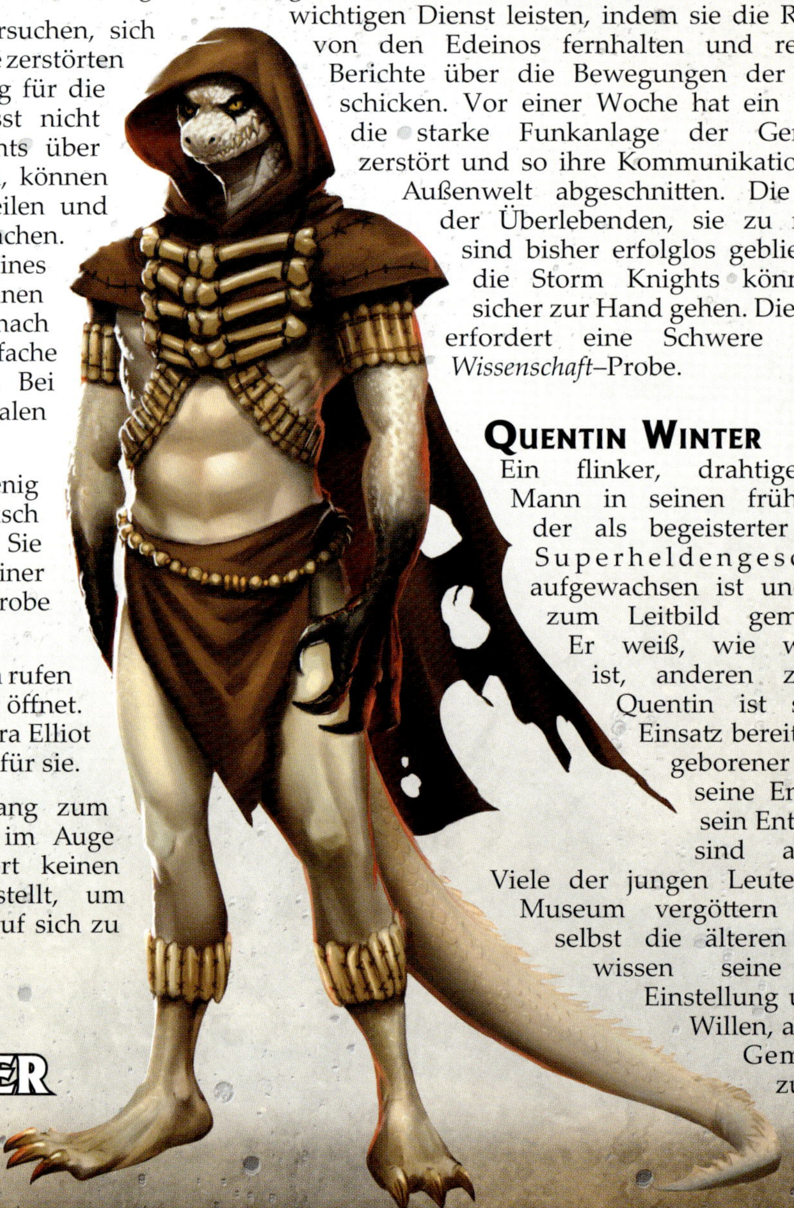

Ein Storm Knight mit der Karte *Romanze* könnte leicht sein Herz gewinnen, ein Storm Knight mit der Karte *Verbindungen* kennt ihn vermutlich schon.

Zitat: „Sicher doch, das packe ich."

Wenn du spieltechnische Werte für Quentin benötigst, verwende die Werte für Untrainierte Miliz auf Seite 29.

Rose Vanderven

Rose Vanderven ist eine streng aussehende Frau in den 40ern und scheint eine archetypische Darstellung einer Naturwissenschaftslehrerin zu sein. Sie trägt eine Hornbrille und ihr strenger Blick unterbindet alle Arten von Scherzen. Sie besteht darauf, dass man sie als Frau Vanderven anspricht, und verlangt dies sogar von Leuten, die älter sind als sie selbst. Trotz ihres Auftretens hat sie ein gutes Herz und sorgt sich wirklich um ihre neugefundene Gemeinschaft. Ein Storm Knight mit der Karte *Romanze* könnte ihre harte Schale knacken und herausfinden, dass es sich bei ihr in Wahrheit um eine herzliche und liebenswerte Person handelt, und ein Storm Knight mit der Karte *Verbindungen* könnte einer ihrer alten Freunde sein.

Zitat: „Welches Verhältnis von Wasser zu Nährstoffen hast du verwendet? (Seufzer) Nein, nein, alles falsch. Du musst das neu berechnen."

Wenn du spieltechnische Werte für Rose benötigst, verwende die Werte für Untrainierte Miliz auf Seite 29.

Was die Zivilisten wissen

Die Zivilisten wissen von den verstärkten Aktivitäten der Edeinos in der Region, haben jedoch keine Ahnung, warum das so ist. Diese Edeinos tragen Knochenrüstungen und sind mit Knochenspeeren bewaffnet. Sie werden von einem extrem ausgezehrten Edeinos angeführt, der mehr wie eine wandelnde Leiche als ein lebendes Wesen aussieht. Die Edeinos haben ihre Lager hauptsächlich im Westen und Norden des Field Museums aufgeschlagen, und die Bewohner machen sich große Sorgen, dass die Invasoren wissen könnten, dass sie sich hier aufhalten, und die Gegend auskundschaften, um weitere Informationen über sie zu sammeln. Sie haben keine Ahnung, um wie viele Edeinos es sich handelt, da sie immer nur einen Blick auf ein oder zwei auf einmal erhaschen konnten.

Die Storm Knights wissen vermutlich, dass die Bewaffnung der Edeinos typisch für den Weißspeerclan ist, der die Macht in Chicago übernommen hat. Die Zivilisten hier kennen den Unterschied nicht, da sie bisher nur Weißspeere gesehen haben.

Die Zivilisten verfügen momentan über wenige Waffen, doch sie sind der Ansicht, dass sie durch die Marmormauern und Stahltore des Field Museums gut geschützt sind. Sie mussten sich offensichtlich bisher noch nie mit einem wirklichen Kriegstrupp von Edeinos auseinandersetzen, sondern haben bisher nur den einen oder anderen neugierigen Kundschafter überwältigt. Dennoch machen sie sich Sorgen, dass sich die Weißspeere auf einen Großangriff vorbereiten. Sie sind deswegen besonders dankbar über die Ankunft der Storm Knights und für die Waffen, die der Delphi-Rat zur Verfügung gestellt hat. Es dauert ein wenig, die Gewehre wieder zusammenzubauen, aber die Zivlsten machen sich gleich eifrig an die Arbeit.

Ideen für Cosm-Karten

Während dieser Szene können einige Cosm-Karten besonders interessante Auswirkungen haben:

Dino-Angriff!: Ein Schwarm von drei wilden Lakten schießt durch die zerstörten Dachflächenfenster und zwingt die Storm Knights dazu, die Zivilisten und die Hydroponik zu beschützen. Die Werte von Lakten findest du im Quellenbuch *Das Lebende Land*.

Verlorene Schätze: Ein robotischer Frosch, der so groß ist wie ein Menschenkopf, hüpft auf einen der Storm Knights zu. Es handelt sich um ein Überbleibsel einer verlorenen Realität, die vom Lebenden Land verschlungen wurde. Die Hauptaufgabe des Roboters besteht darin, Nährstoffe aus der Umgebung aufzunehmen, sie zu destillieren und seinem Besitzer zur Verfügung zu stellen. Man kann durch den weiten Schlund des Roboters, den er auch bereitwillig öffnet, wenn man das versucht, in seinen Bauch greifen. Darin befinden sich momentan drei Portionen einer klebrigen Gallertmasse. Jede Dosis heilt 1 Wunde, wenn man sie auf eine Verletzung aufträgt. Alternativ kann man sie dazu verwenden, um die Fruchtbarkeit der hydroponischen Pflanzung zu verbessern. Rose Vanderven kommt rasch auf diese Idee. Wenn der Roboter die Gelegenheit hat, organische Materie oder abgestandenes Sumpfwasser zu absorbieren, kann er in jeder Woche eine weitere Dosis Gallertmasse herstellen. (Zu jedem Zeitpunkt können maximal drei Dosen in ihm gespeichert sein.)

Angriff der Weissspeere

Während die Storm Knights noch mit den Zivilisten im Field Museum interagieren, dringen Husk Knochenfresser und seine Kriegsbande bereits durch unterirdische Zugangstunnel ins Museum ein. Die Zivilisten sind der Ansicht, dass sie alle Zugangspunkte gut verschlossen haben, aber die Kundschafter der

Edeinos haben kürzlich eine Tür mit stark verrosteten Scharnieren entdeckt. Husk trifft mit einer Handvoll seiner getreuen Weißspeerkrieger ein. Außerdem hat er ein paar Skelettraptoren dabei, die er belebt hat, um sich für Sue aufzuwärmen.

Husk und seine Krieger öffnen die Zugangstür und schleichen durch leerstehende Bereiche des Museums, bis sie die China-Ausstellung östlich der Haupthalle erreichen. Dann stürmen alle Feinde auf einmal nach vorn. Obwohl Husk mehrere Skelettraptoren bei sich hat, muss jeder Storm Knight nur einmal eine Probe gegen Angst machen.

Sobald Husk in der Halle angekommen ist, erstarrt er förmlich vor Ehrfurcht und mustert Sue voller religiöser Verzückung. Er blickt wiederholt zwischen Sue und den Skelettraptoren hin und her, sodass es keinen Zweifel geben kann, welche Pläne er für das Skelett des Tyrannosaurus hat.

Die Feinde versuchen, jeden Widerstand in der Field Hall zu eliminieren, und konzentrieren sich dabei zuerst auf jene Gegner, die besonders entschlossen Widerstand leisten – also auf die Storm Knights. Da die Tische mit den Pflanzungen in dem Chaos umgeworfen werden, ist es leicht, Deckung zu finden, oder sich sogar mitten im Kampf heimlich zu bewegen.

Um die Halle herum befindet sich ein großer Balkon in einer Höhe von sechs Metern. Breite Treppen im Norden und Süden führen zu diesem Balkon. Man kann aber auch mit einer erfolgreichen *Stärke*-Probe hinaufklettern. Die Storm Knights werden vielleicht feststellen, dass der Balkon eine gute Position darstellt, um die Feinde von dort aus unter Beschuss zu nehmen.

- **Husk Knochenfresser:** Siehe unten.
- **Weißspeer-Gotak:** Siehe unten.
- **Skelettraptoren (1 je Held):** Siehe rechts.
- **Weißspeer-Krieger (1 je Held):** Siehe rechts.

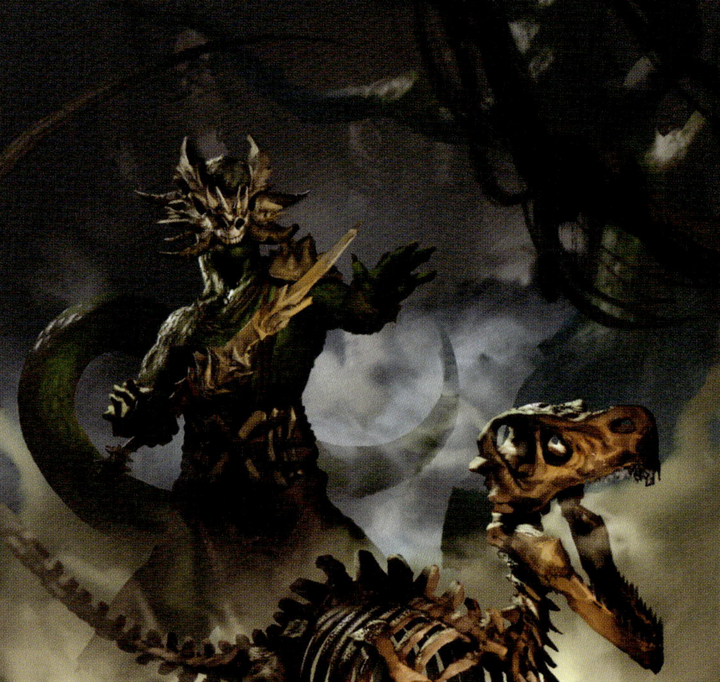

HUSK KNOCHENFRESSER

Attribute: Charisma 6, Geschicklichkeit 9, Verstand 6, Geist 11, Stärke 10
Fertigkeiten: Ausweichen 10, Einschüchtern 13, Finden 8, Glauben 14, Manövrieren 11, Nahkampfwaffen 11, Projektilwaffen 11, Realität 13, Überlebenskunst 9, Waffenloser Kampf 11
Bewegung: 9; **Robustheit:** 12 (3); **Schock:** 11; **Wunden:** 3
Ausrüstung: Knochenrüstung (+3), Knochenspeer (Schaden *Stärke* +2/12)
Vorzüge: Gotak, Todeskralle, Wunderwirker (*Feind abwehren, Kochen formen, Leiche reparieren, Unleben, Verfluchen*)
Möglichkeiten: 3
Spezielle Fähigkeiten:
- **Biss/Krallen:** Schaden *Stärke* +3/13, PB 2.
- **Schergen:** Husk darf einen erlittenen Treffer auf einen Lakaien übertragen, der sich einige Meter von ihm entfernt aufhält, wenn ihm eine *Realitäts*-Probe gelingt.

WEISSSPEER-GOTAK

Diese Priester kanalisieren die Macht des Todes. Die Weißspeere haben sich von Lanala vollständig abgewandt und beten nun Rec Stalek an.

Attribute: Charisma 6, Geschicklichkeit 9, Verstand 6, Geist 11, Stärke 10
Fertigkeiten: Ausweichen 10, Einschüchtern 13, Finden 8, Glauben 14, Manövrieren 11, Nahkampfwaffen 11, Projektilwaffen 11, Überlebenskunst 9, Waffenloser Kampf 11
Bewegung: 9; **Robustheit:** 13 (3); **Schock:** 11; **Wunden:** 1

Ausrüstung: Knochenrüstung (+3), Knochenspeer (Schaden *Stärke* +2/12)
Vorzüge: Gotak, Wunder (*Feind abwehren, Knochen formen, Leiche reparieren, Verfluchen, Waffensegen*)
Möglichkeiten: Selten (3)
Spezielle Fähigkeiten:
- **Biss/Krallen:** Schaden *Stärke* +2/12.

WEISSSPEER-KRIEGER

Typischerweise sind Edeinos, die auf den Kampf vorbereitet sind, mit einem Hrockt-Sprossenspeer ausgerüstet und tragen keine Rüstung. Andere wiederum benutzen Blasrohre und gewobene Hrockt-Wurzelschilde. Die Angehörigen des Weißspeerclans hingegen rüsten sich mit Knochenrüstung und mit Knochenspeeren aus, die ihnen auch ihren Namen geben.

Attribute: Charisma 5, Geschicklichkeit 9, Verstand 6, Geist 8, Stärke 10
Fertigkeiten: Ausweichen 10, Einschüchtern 11, Finden 8, Glauben 9, Heimlichkeit 10, Manövrieren 10, Nahkampfwaffen 11, Projektilwaffen 11, Spurenlesen 8, Tricksen 9, Überlebenskunst 8, Verspotten 8, Waffenloser Kampf 10
Bewegung: 9; **Robustheit:** 13 (3); **Schock:** 8; **Wunden:** —
Ausrüstung: Knochenrüstung (+3), Knochenspeer (Schaden *Stärke* +2/12)
Vorzüge: Unerbittlich
Möglichkeiten: —
Spezielle Fähigkeiten:
- **Biss/Krallen:** Schaden *Stärke* +2/12.

SKELETTRAPTOREN

Diese Schöpfungen sind wenig mehr als Knochen, die von widerwärtigen Wundern zum Leben erweckt werden, indem man die Leichen von Velociraptoren belebt. Die Storm Knights, die Kämpfe gegen sie überlebt haben, haben ihnen den Namen „Skelettraptoren" gegeben. Diese unheimlichen Kreaturen sind unermüdliche Jäger und verfolgen die Spur ihrer Beute verbissen. Obwohl sie über keinerlei Fleisch auf ihren Knochen verfügen, können sie ihre Beute noch immer mittels irgendwelcher übernatürlicher Sinne verfolgen und wahrnehmen, und sobald sie sie gestellt haben, schlagen sie blitzschnell zu.

Attribute: Charisma 5, Geschicklichkeit 12, Verstand 4, Geist 5, Stärke 12
Fertigkeiten: Ausweichen 15, Finden 8, Heimlichkeit 14, Manövrieren 14, Tricksen (9), Waffenloser Kampf 14
Bewegung: 12; **Robustheit:** 12; **Schock:** —; **Wunden:** —
Ausrüstung: —
Vorzüge: —
Möglichkeiten: Nie
Spezielle Fähigkeiten:
- **Angst:** Wenn ein Charakter auf diese Kreatur trifft, muss er eine Probe auf *Willenskraft* oder *Geist* bestehen. Wenn er scheitert, ist er Sehr Angeschlagen.
- **Biss/Krallen:** Schaden *Stärke* +2/14.
- **Stumpfsinnig:** Skelettraptoren sind immun gegen *Einschüchtern*- und *Verspotten*-Aktionen.
- **Unerbittlich:** Skelettraptoren ignorieren Schock.
- **Untot:** Skelettraptoren sind immun gegen Gift und andere Effekte, die Atmung, Essen oder andere „lebende" biologische Prozesse erfordern.

DAS NACHSPIEL

Sobald Husk Knochenfresser und die Skelettraptoren besiegt wurden, fliehen die restlichen Edeinos. Sie kommen zu dem Schluss, dass der Gotak einen närrischen Plan verfolgt hat und der Widerstand im Field Museum einfach zu stark ist. Obwohl die Edeinos die Stärke der Verteidigungsanlagen zu einem späteren Zeitpunkt erneut auf die Probe stellen werden, sorgen die Waffen, die die Storm Knights mitgebracht haben, doch dafür, dass sich die Zivilisten gut verteidigen können.

Wenn die Storm Knights fallen sollten, nehmen sich Husk Knochenfresser und die Edeinos nicht einmal die Zeit, um sie zu töten. Stattdessen schaffen sie Sues Knochen weg, um an einem anderen, sicheren Ort das Ritual auszuführen, mit dem sie den Tyrannosaurus animieren wollen. Das Ritual erfordert mehrere Stunden. Die Spielleiterin könnte besiegten Storm Knights eine Chance geben, sich rechtzeitig zu erholen und ihren Stolz zurückzuerlangen, indem sie ihnen gestattet, den Weißspeeren rechtzeitig hinterherzueilen und das Ritual doch noch zu verhindern. Andererseits könnte sie es zulassen, dass Husk Sue tatsächlich animiert und diese zu einem unglaublichen Schrecken wird, der in späteren Abenteuern noch eine wichtige Rolle spielt.

FLUSSAUFWÄRTS

– VON RICK JONES

COSM: LEBENDES LAND

SCHAUPLATZ: BATON ROUGE, LOUISIANA

Die Storm Knights müssen den Mississippi hinaufrasen, um einen bevorstehenden Angriff auf ein Schiff der Cajun Navy, das Vorräte befördert, aufzuhalten.

EINSATZBESPRECHUNG

Standardszene. Der Gruppe ist es gelungen, eine eintägige Pause in New Orleans herauszuschlagen, um sich zwischen zwei Missionen zu erholen. Doch nach einem prächtigen Abendessen mit Gumbo und Jambalaya tritt auf einmal ein ihnen unbekannter Kellner an ihren Tisch. Er überreicht ihnen nicht nur die Rechnung, sondern ein vertraut wirkendes Paket. Es ist vom Delphi-Rat und enthält eine kurze handgeschriebene Notiz und ausführliche Missionsunteralgen.

„Ich weiß ja, dass wir Ihnen einen Tag Pause versprochen haben, aber Sie werden wohl unterwegs essen müssen. Wir haben einen Bericht erhalten, dass ein Konvoi mit Versorgungsgütern auf dem Mississippi ins Lebende Land unterwegs ist und angegriffen werden soll. Treffen Sie sich mit Kapitän Richard Landry am Hafen von Baton Rouge. – Q“

Die Missionsunterlagen sind ziemlich ausführlich, lassen sich aber wie nachfolgend beschrieben zusammenfassen:

- Aufgrund der enormen Schwierigkeiten bei Überlandreisen im Lebenden Land konzentrieren sich der Delphi-Rat, die Regierung der Vereinigten Staaten und andere Institutionen, die Überlebende im Lebenden Land versorgen, immer stärker auf Flussreisen. Obwohl Flussmonster und andere Bedrohungen natürlich ein Problem darstellen, ist es dennoch wesentlich einfacher, große Mengen an Gütern mittels Flussbarken zu transportieren.

- Eine verbündete, realitätsgehärtete Blaugratedeinos, die von Flusskapitänen, die Schwierigkeiten haben, ihren echten Namen auszusprechen, als „Proud Mary“ bezeichnet wird, hat sich als extrem wichtig dabei erwiesen, den Flussschiffkapitänen dabei zu helfen, diese Gefahren zu umgehen.

- Storm Knights, die gegen feindselige Edeinos in Arkansas gekämpft haben, haben verlässliche Aufklärungsinformationen erhalten, dass ein Stamm von Rotkiefern von Proud Mary erfahren hat. Er ist nun auf dem Landweg unterwegs, um sie und alle Menschen zu töten, die sie gerade unterstützt.

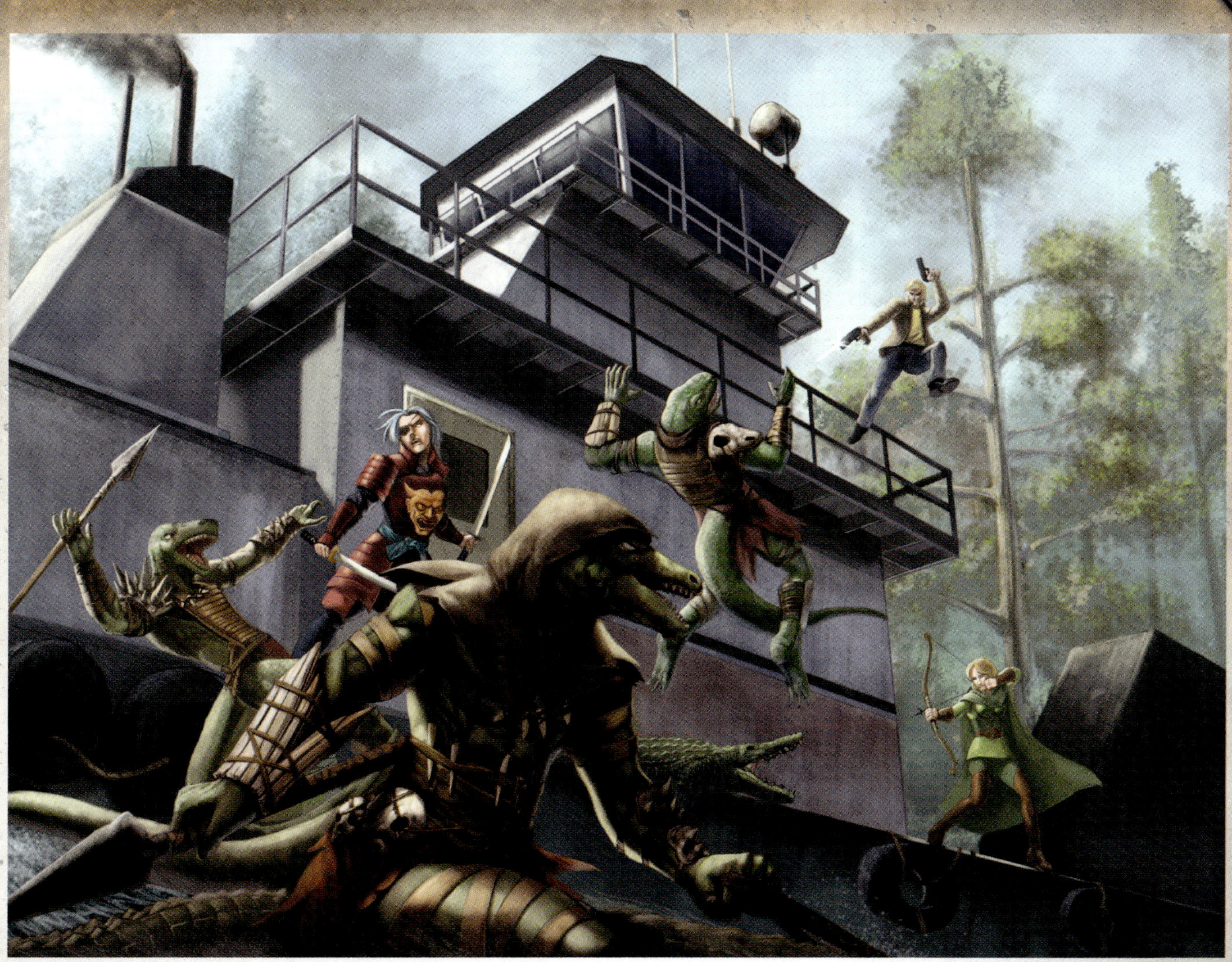

Blaugrate greifen an!

• Proud Mary unterstützt gerade die Mannschaft des Schleppers *Majic*, der von James Long befehligt wird. Kapitän Landry soll dem Team den Schlepper *Bright Idea* zur Verfügung stellen, damit die Gruppe die *Majic* erreichen kann, bevor dies die Rotkiefer tun.

Wenn die Charaktere nicht über einen geeigneten Kapitän verfügen, dann gibt er dennoch allen eine Tour, damit sie wissen, welche Aufgaben sie bei der Fahrt flussaufwärts haben werden. Er hat nur wenige Leute zur Verfügung und begleitet das Team nur, weil er ein Freund von Long ist („Er schuldet mir noch immer etwas für dieses letzte Spiel der Pelicans.").

RENNEN GEGEN DIE ZEIT

Standardszene. Kapitän Landry wartet auf die Storm Knights im Hafen von Baton Rouge und bringt die Gruppe zur Anlegestelle der *Bright Idea*. Wenn einer der Storm Knights über die Fertigkeit *Wasserfahrzeuge* verfügt, dann erklärt ihm Landry das Boot und zeigt ihm, wo alles ist, bevor er ihm den Schlüssel überreicht.

„Passt gut auf sie auf, mes Amis. Sie ist vollgetankt und es befinden sich ausreichend Vorräte an Bord. Ihr werdet ihr Glück bringen, non?"

DIE BRIGHT IDEA

Die *Bright Idea* verfügt über vier Decks. Drei davon liegen über dem Wasser und eines unterhalb. Das oberste Deck fungiert auch als Brücke des Fahrzeugs. Da die elektronischen Navigationsinstrumente unter den hiesigen Bedingungen oft nutzlos sind, werden sie mit Sextanten und Karten, auf denen sich zahlreiche Markierungen befinden, ergänzt. Im nächsten Deck darunter befinden sich das Quartier des Kapitäns und die Lagerräume. Im Deck direkt in Höhe des Wassers befinden sich die Mannschaftsquartiere, eine Kombüse und der große offene Bereich über den Maschinen mit

Winden und Tauen, mit denen man den Schlepper mit Flussbarken verbinden kann. Unter der Wasserhöhe liegen die Maschinen, der Treibstoff und die Bilge.

Höchstgeschwindigkeit: 20 km/h (8); **Robustheit:** 12; **Wunden:** 2

- **Manövrierfähigkeit:** Malus von –2 auf *Wasserfahrzeuge* für Verteidigung oder Verfolgungsjagden.
- **Passagiere:** 6
- **Sehr Groß:** Angriffe gegen das Schiff erfolgen aufgrund der Größe mit einem Bonus von +4 zum Treffen
- **Verstärkt:** Ein Schlepper erhält zusätzlich +5 auf Robustheit gegen Kollisionen.

Die *Majic* besitzt die gleichen Werte. Sie zieht allerdings außerdem neun Barken mit Fracht, bewegt sich daher nur mit 10 km/h (4) und legt regelmäßig Stopps ein. Dadurch kann man sie relativ leicht einholen.

FLUSSSCHIFFKAPITÄN

Wenn das Team Kapitän Landry benötigt, um die *Bright Idea* zu steuern, dann verwende die nachfolgenden spieltechnischen Werte. Der Kapitän der *Majic* hat die gleichen Werte.

Attribute: Charisma 8, Geschicklichkeit 8, Verstand 8, Geist 8, Stärke 8
Fertigkeiten: Ausweichen 9, Einschüchtern 9, Erste Hilfe 9, Feuerwaffen 9, Finden 9, Gassenwissen 9, Manövrieren 9, Nahkampfwaffen 9, Tricksen 9, Überlebenskunst 9, Überreden 9, Verspotten 9, Waffenloser Kampf 9, Wasserfahrzeuge 10
Bewegung: 8; **Robustheit:** 8; **Schock:** 10; **Wunden:** —
Ausrüstung: Keule (Schaden *Stärke* +2/10)
Vorzüge: Ausdauer, Helfer
Möglichkeiten: Selten (2)
Spezielle Fähigkeiten: —

„DAS LENKEN EINES BOOTES IST FAST WIE DAS LENKEN EINES AUTOS ... NA JA, IHR VERSTEHT, WAS ICH SAGEN WILL.“

– ZHI ZHANG

EIN UNRÜHMLICHER ANFANG

Zu Beginn ihrer Reise, kurz bevor sie in das Lebende Land gelangen, treffen die Helden auf eine Gruppe von Überlebenskämpfern, die versuchen, Boote zu entführen (auch jene, die keine Fracht befördern), da sie den Treibstoff benötigen. Sie verfügen über ein Boot mit den gleichen Werten wie die *Bright Idea* (siehe links) und versuchen, einen Hinterhalt zu legen. Die Spieler sollten eine Schwere (MW 14) *Finden*-Probe ablegen. Bei einem Erfolg sind sie nicht überrascht. Die *Bright Idea* kann versuchen, die Flucht zu ergreifen, doch wenn die Überlebenskämpfer Schritt D erreichen, dann schneiden sie ihr den Weg ab und es kommt auf jeden Fall zu einem Kampf.

- **Gaston Richards:** Gaston Richards ist ein Stormer. Er benutzt die gleichen Werte wie die Überlebenskünstler, verfügt aber über *Realität* 11, *Wasserfahrzeuge* 10 und drei Möglichkeiten.
- **Überlebenskämpfer (2 je Held):** Benutze die Werte für Menschliche Soldaten (siehe Seite 80).

EIN WETTRENNEN UMS ÜBERLEBEN

Um den zeitlichen Wettlauf mit den Rotkiefern zu repräsentieren, findet diese Szene als Dramatische Probenabwicklung statt. Jede Runde repräsentiert in diesem Fall allerdings nicht eine Kampfrunde, sondern mehrere Stunden der Reise flussaufwärts.

Stelle fest, wie viele dieser fiktiven Runden die Charaktere benötigen, um Schritt D zu erreichen. Dies bestimmt dann, wie viel Zeit ihnen noch bleibt, bevor die Rotkiefer angreifen.

Normalerweise wird das Boot von Kapitän Landry gesteuert, aber wenn es entkoppelt wurde oder wenn einer der Storm Knights aufgrund seiner Fähigkeiten lieber das Steuer übernehmen würde, kann er den Storm Knights im Rahmen einer Gruppenaktion beistehen.

Mögliche Rückschläge sind nachfolgend beschrieben.

- „Nein! Nein! Nein! Der Hebel, auf den ich zeige!“ Eine Standardprobe auf *Wasserfahrzeuge*, *Wissenschaft* oder die entsprechende Fertigkeit *Beruf* können das Problem beheben. Wenn es den Charakteren an diesen Fertigkeiten mangelt (denke daran, dass jemand die *Bright Idea* lenken muss), dann kann man das Problem mit einer Anspruchsvollen (MW 12) Probe aus der Welt schaffen.
- „Storm Knight über Bord!“ Das Fahrzeug gerät in unerwartete Stromschnellen (oder es fährt gegen irgendeine große und unangenehme Kreatur), wodurch einer der Storm Knights versehentlich über Bord geht. Du entscheidest zufällig, wer das Opfer ist, und es erleidet eine Wunde (die man wegstecken kann) sowie eine Möglichkeit für

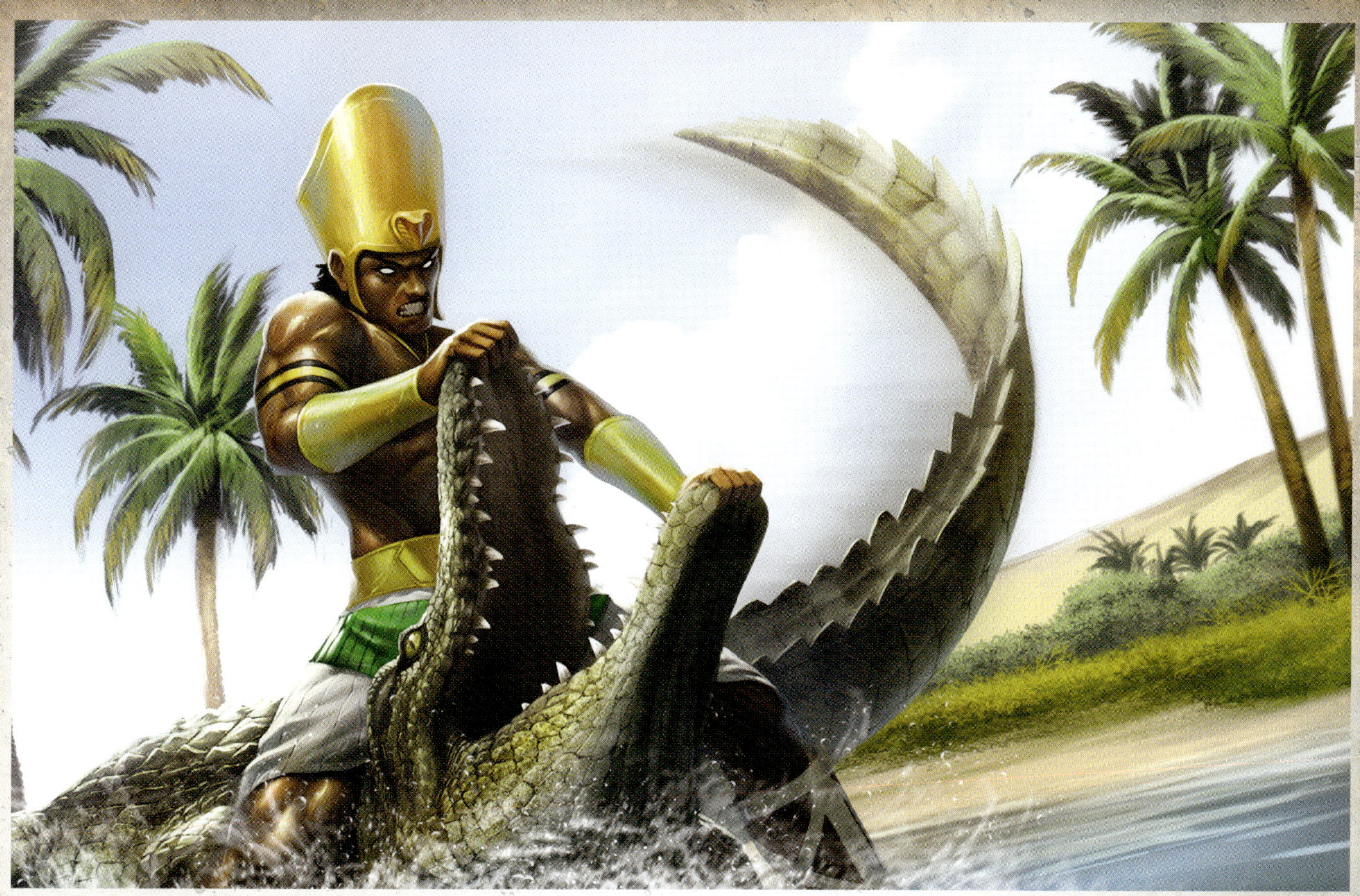

die ganze Aufregung. Es ist auch möglich, dass die normalerweise friedfertigen Alligatoren des Mississippis hier im Lebenden Land wesentlich aggressiver sind (verwende die spieltechnischen Werte von Krokodilen aus *Torg Eternity*).

• Ein kritisches Problem könnte etwas so Schwerwiegendes sein wie ein Loch im Rumpf oder ein Sehr Schweres (MW 16) Problem mit dem Antrieb.

Schritt A: In den Sturm

Ein Boot über die Grenze eines Cosm zu lenken, ist selbst für einen erfahrenen Kapitän eine trickreiche Sache. Die Probe auf Wasserfahrzeuge ist daher Anspruchsvoll (MW 12).

Schritt B: Flussaufwärts

Obwohl es nur einen Weg gibt, dem man folgen kann, um die *Majic* einzuholen, kann es unterwegs zu allerlei Schwierigkeiten kommen, die die Reise der *Bright Idea* verlangsamen können. So könnte es treibenden Schutt im Wasser geben, seltsame Strömungen, die auf die Natur des Lebenden Landes zurückzuführen sind, oder sogar einen Einbruch des Tiefen Nebels, der dafür sorgen kann, dass das Schiff auf Grund läuft, weil man nicht sieht, wohin man lenken muss. Um derartige Probleme zu umgehen, muss ein Angehöriger der Gruppe entweder eine Anspruchsvolle (–2) *Überlebskunst*-Probe oder eine Schwere (–4) *Finden*-Probe machen.

Schritt C: Lange, dunkle Nacht

Die Reise flussaufwärts ist selbst bei Tageslicht ziemlich anstrengend. In der Nacht ist alles noch viel schwieriger Die Spieler müssen jetzt eine Entscheidung treffen. Sie können entweder den Anker werfen und bis zum Morgengrauen warten, wodurch ihre Reise automatisch um zwei „Runden" verlängert wird. Wenn sie allerdings weitermachen wollen, dann muss der Pilot eine Sehr schwere (–6) *Wasserfahrzeuge*–Probe machen. Mit einem Standarderfolg ist der Pilot für den Rest des Abenteuers Ermüdet (dies gilt auch für andere Mitglieder des Teams, die ihn dabei mit Möglichkeiten oder Schicksalskarten unterstützt haben). Mit einem Guten Erfolg haben sie die Reise gut hinter sich gebracht, aber jeder Ermüdungs-Effekt, der auftritt, bevor sich die Storm Knights eine Nacht ausruhen konnten, verursacht drei statt nur zwei Ermüdung. Mit einem Hervorragenden Resultat haben die Storm Knights die Reise in der Nacht mit Bravour gemeistert und sind in keiner Weise erschöpft. Vielleicht liegt das ja an der belebenden Natur des Lebenden Landes.

Schritt D: Zur Ziellinie

Der letzte Schritt besteht in einem wilden „Sprint" zum Ziel. Der Pilot muss noch einmal eine Schwere (–4) Probe auf *Wasserfahrzeuge* machen. Jetzt ist es an der Zeit, zusammenzuzählen, wie viele „Runden" die Dramatische Probenabwicklung in Anspruch genommen hat.

- **4–5:** Die Gruppe kommt rechtzeitig zur *Majic*. Sie kann bei ihr andocken und die Mannschaft vor der Gefahr warnen, in der sie sich befindet. Dem Team bleibt zudem ein wenig Zeit, um sich auf den Angriff vorzubereiten. (Ungefähr eine Stunde, wenn sie es in fünf Runden geschafft haben, sogar noch deutlich mehr Zeit, wenn sie es in vier Runden geschafft haben, wobei sie aber keine Ahnung haben, wie viel Zeit ihnen genau bleibt.)
- **6:** Die Gruppe trifft gerade noch rechtzeitig ein, um längsseits zu gehen und die Mannschaft des anderen Schiffs kurz zu warnen, bevor der Angriff beginnt.
- **7+:** Wenn es zum Angriff kommt, befindet sich die *Bright Idea* noch 50 Meter von der *Majic* entfernt. Für jede Runde über die 7. Runde hinaus, ist der Abstand um weitere 50 Meter größer. Die *Bright Idea* holt dann in jeder Runde 20 Meter auf.

Alligatoren im Anmarsch

Dramatische Szene. So oder so kommt es irgendwann zum Angriff der Rotkiefer (der genaue Zeitpunkt ist oben beschrieben).

Die *Majic* ist mit Kapitän James Long und einer Mannschaft von acht Seeleuten bemannt. Verwende für Kapitän Long die Werte des Flussschiffkapitäns auf Seite 56 und für seine Mannschaft die Werte unten.

Flussschiffmannschaft

Diese abgehärteten Seeleute wurden durch das Lebende Land nicht transformiert – zumindest noch nicht. Der Kapitän hat vier Jagdschrotflinten in einem Waffenschrank in seiner Kabine. Wenn die Mannschaft der *Majic* angegriffen wird, bevor sie die Helden warnen konnten, dann ist zu Beginn des Kampfes nur ein Mannschaftsmitglied bewaffnet.

Attribute: Charisma 6, Geschicklichkeit 7, Verstand 7, Geist 8, Stärke 8
Fertigkeiten: Ausweichen 8, Einschüchtern 9, Erste Hilfe 8, Feuerwaffen 8, Finden 8, Gassenwissen 8, Manövrieren 8, Nahkampfwaffen 8, Tricksen 8, Überlebenskunst 8, Verspotten 8, Waffenloser Kampf 9, Wasserfahrzeuge 9
Bewegung: 7; **Robustheit:** 8; **Schock:** 8; **Wunden:** —
Ausrüstung: Keule (Schaden *Stärke* +2/10), Schrotflinte (Schaden 13, Reichweite 10/20/30, Schrotflinte)
Vorzüge: —
Möglichkeiten: Selten (2)
Spezielle Fähigkeiten: —

Proud Mary

Die Edeinos-Kundschafterin, die von den Flussschiffern als „Proud Mary" bezeichnet wird, da sie ihren echten Namen nicht aussprechen können, war sich von Anfang an unsicher bezüglich der Invasion der Erde. Sie glaubte daran, dass Lanala von ihr wollte, dass sie den Worten ihres Auserwählten folgt, war aber angesichts ihrer eigenen Erfahrungen von Selbstzweifeln zerfressen. Natürlich waren die Menschen schwach und verließen sich auf fehlerhafte Werkzeuge, doch manche von ihnen hatten einen starken Glauben und kommunizierten mit ihren Göttern so wie sie es mit Lanala tat.

Ihre Mission bestand ursprünglich darin, die Versorgungslieferungen flussaufwärts zu sabotieren, doch statt die Menschen anzugreifen, beobachtete sie sie nur und bat um göttliche Führung. Als ein spielendes Kind über Bord ging, während gerade Vorräte verladen wurden, erkannte sie, dass sie helfen musste. Die Gemeinschaft der Überlebenden war anfangs misstrauisch, doch die freundliche Natur der Edeinos und die Fürsprache der dankbaren Eltern halfen dabei, ein erstes Band zu knüpfen.

Zitat: „Ich dachte, Menschen wären nur unzivilisierte Wilde, doch dann durfte ich ihr köstliches Essen kosten."

Attribute: Charisma 9, Geschicklichkeit 8, Verstand 6, Geist 8, Stärke 9
Fertigkeiten: Ausweichen 9, Finden 7, Glauben 9, Heimlichkeit 10, Manövrieren 9, Nahkampfwaffen 10, Realität 9, Überlebenskunst 9, Waffenloser Kampf 10
Bewegung: 8; **Robustheit:** 9; **Schock:** 9; **Wunden:** 3
Ausrüstung: Hrockt-Wurzelspeer (Schaden *Stärke* +2/11)
Vorzüge: Blaugrat, Fernschreiter
Möglichkeiten: 3
Spezielle Fähigkeiten:
- **Biss/Krallen:** Schaden *Stärke* +2/11.
- **Schwimmen:** Bewegungswert 8 im Wasser.

Die angreifenden Rotkiefer

Die Edeinos tauchen in einer Entfernung von 50 Metern von der *Majic* auf. Das Fahrzeug ist zu diesem Zeitpunkt zum Stillstand gekommen, da sich seine Propeller in einer Rankenfalle verfangen haben, die unter Wasser gelegt wurde.

Zwei Edeinos-Bestienreiter auf Lakten bedrängen die Leute an Deck. Sie haben ausreichend Speere und werfen bevorzugt auf all jene Verteidiger, die „Donnerstecken" einsetzen. Besonders tapfere Mannschaftsmitglieder, die bei ihren Angriffen sehr erfolgreich sind, werden gepackt und ins Wasser geworfen.

Eine weitere Gruppe von Bestienreitern nähert sich auf dem Rücken von Alligatoren. Jeder Alligator trägt einen weiteren Krieger der Edeinos und jeweils zwei Edeinos schwimmen an seiner Seite.

Die Alligatoren schwimmen bis an den Rand der Boote und die Krieger klettern an Bord. Sobald sie die Krieger abgesetzt haben, ziehen sich die Bestienreiter auf eine Entfernung von 10 Meter zurück und werfen Speere.

Während der Großteil der Krieger damit beschäftigt ist, gegen die Verteidiger zu kämpfen, haben zwei Edeinos die Anweisung, die schwächeren Mannschaftsmitglieder zu packen und als Futter für die Alligatoren über Bord zu werfen. Im Wasser befinden sich noch fünf weitere Alligatoren, die dann mit den Menschen anstellen, was Alligatoren eben so mit ihrer Beute anstellen.

Vergiss nicht, dass abhängig von der Größe der Gruppe ein oder zwei Krieger über Möglichkeiten verfügen!

Der Anführer der Angreifer ist ein Optant namens Sss'Tok, und er hat nicht die Absicht, Gefangene zu machen.

- **Sss'Tok:** Reitet auf einem Plesiosaurier, siehe rechts.
- **Edeinos-Bestienreiter (1 je Lakten und Alligator):** Siehe Seite 80.
- **Alligatoren (1 je Held):** Benutze die spieltechnischen Werte von Krokodilen, siehe *Torg Eternity*.
- **Lakten (2):** Siehe unten.
- **Edeinos-Krieger (3 je Held):** Siehe Seite 80.

SSS'TOK

Attribute: Charisma 6, Geschicklichkeit 9, Verstand 6, Geist 11, Stärke 10
Fertigkeiten: Ausweichen 10, Einschüchtern 13, Finden 8, Glauben 14, Manövrieren 11, Nahkampfwaffen 11, Projektilwaffen 11, Realität 12, Überlebenskunst 9, Waffenloser Kampf 11
Bewegung: 9; **Robustheit:** 12 (2); **Schock:** 11; **Wunden:** 1
Ausrüstung: Hrockt-Sprossenspeer (Schaden *Stärke* +2/12), Hrockt-Wurzelrüstung (Rüstung +2, Torso)
Vorzüge: Optant, Wunderwirker (*Besänftigen, Feind abwehren, Mit Tieren sprechen, Segnen, Tiere herbeirufen*)
Möglichkeiten: 3
Spezielle Fähigkeiten:
- **Biss/Krallen:** Schaden *Stärke* +2/12.

LAKTEN

Attribute: Charisma 5, Geschicklichkeit 11, Verstand 4, Geist 7, Stärke 12
Fertigkeiten: Ausweichen 13, Einschüchtern 9, Finden 9, Manövrieren 12, Verspotten (10), Waffenloser Kampf 12
Bewegung: 11; **Robustheit:** 13 (1); **Schock:** 9; **Wunden:** 2
Ausrüstung: —
Vorzüge: —
Möglichkeiten: Nie
Spezielle Fähigkeiten:
- **Biss/Krallen:** Schaden *Stärke* +2/14.
- **Fliegen:** Geschwindigkeit 13 in der Luft.
- **Groß:** Diese Kreatur hat eine Flügelspannweite von mehr als 5 Metern. *Angriffs*-Proben gegen sie erhalten einen Bonus von +2.
- **Rüstung:** Schuppenhaut +1.

PLESIOSAURIER

Attribute: Charisma 3, Geschicklichkeit 9, Verstand 3, Geist 10, Stärke 14
Fertigkeiten: Ausweichen 13, Einschüchtern 12, Finden 7, Manövrieren 13, Tricksen (8), Waffenloser Kampf 14
Bewegung: 7; **Robustheit:** 16 (2); **Schock:** 12; **Wunden:** 2
Ausrüstung: —
Vorzüge: —
Möglichkeiten: Nie
Spezielle Fähigkeiten:
- **Biss:** Schaden *Stärke* +2/16, Reichweite 4 Meter.
- **Groß:** Ein ausgewachsener Plesiosaurier ist normalerweise 7 Meter lang. *Angriffs*-Proben gegen ihn erhalten einen Bonus von +2.
- **Rüstung:** Feste Haut +2.
- **Schwimmen:** Bewegungswert 13 im Wasser.

WEITER FLUSSAUFWÄRTS

Nach dem Kampf kann das Team die Verletzten verarzten und notwendige Reparaturen an beiden Flussbooten vornehmen. Die SL kann sich überlegen, ob sie das Abenteuer erweitern möchte. Die *Majic* hat ihre Fahrt flussaufwärts eigentlich erst so richtig begonnen und es gibt entlang des Weges noch zahlreiche Stopps und Gelegenheiten für weitere Abenteuer.

Die *Bright Idea* könnte sie dabei eskortieren. Wenn du kein Interesse daran hast, beide Mannschaften zu verwalten, dann könnten die neun geschleppten Barken auf beide Schiffe aufgeteilt werden. Dann kannst du davon ausgehen, dass die Reise der *Majic* relativ ereignislos verläuft, während gerade die *Bright Idea* in alle möglichen Gefahren gerät, während sie flussaufwärts in das wilde Herz des Lebenden Landes fährt!

Abhängig davon, wie gut die Storm Knights Proud Mary behandeln, könnte diese auch dazu bereit sein, dem Delphi-Rat in Zukunft zur Seite zu stehen. Sie könnte zu einer direkten Verbündeten der Storm Knights werden, wenn diese weiterhin auf dem Mississippi agieren.

Gebete für einen sterbenden Baum

Von Henry Lopez

COSM: LEBENDES LAND

SCHAUPLATZ: MIAMI, FLORIDA

Ein Albtraumbaum und ein lebender Albtraum aus Orrorsh bedrohen Edeinos und menschliche spirituelle Führer. Die Abenteurer müssen einen Kult rund um diese Kreatur aufhalten, bevor sich ihr Einfluss noch weiter ausbreitet.

EINSATZBESPRECHUNG

Standardszene. Die Storm Knights hören das Kreischen von Reifen und der Geruch von verbranntem Gummi dringt in ihre Nasen, als zwei schwarze SUVs mit quietschenden Bremsen vor ihnen zum Stehen kommen. Wenn man bedenkt, dass in diesen Tagen allenfalls Einsatzfahrzeuge und militärische Fahrzeuge über ausreichend Benzin verfügen, dann ist die Tatsache, dass zivile Fahrzeuge hier durch die Straßen von Miami rasen, eher unerwartet.

Aus den Wagen steigen vier Männer in schwarzen Anzügen und mit Sonnenbrillen. Dadurch wird euch schon auf den ersten Blick klar, dass es sich wohl um FBI-Agenten handeln muss. Das bestätigen sie auch gleich, indem sie ihre Dienstmarken zücken. Nachdem sie die Identität der Storm Knights überprüft haben, informiert sie Agent Neilson, dass die Agenten mit dem Delphi-Rat zusammenarbeiten und dass sie ihnen dabei beistehen sollen, eine sehr wichtige Person zu sichern.

Während sich die Gruppe ihren Weg durch die zahlreichen Passanten sucht, die die Straßen füllen (diese haben zweifellos nicht ausreichend Treibstoff, um einen Wagen zu nutzen), reicht ihnen Agent Neilson einen versiegelten Umschlag. Darin finden sich ihre kurzen und treffenden Befehle:

„Wir wurden darüber informiert, dass Vater Albert Martinez zum Ziel eines Meuchelmordes durch unbekannte Kräfte werden soll. Vater Martinez ist eine wichtige Stimme in Miami. Er hat einen beruhigenden Einfluss auf die Bevölkerung und er inspiriert sie mit seinen Worten, sich erfolgreich den Invasoren zu widersetzen.

Sein Tod wäre ein schwerer Schlag für die Moral in der Stadt. Wir machen uns Sorgen, dass Baruk Kaah in irgendeiner Form hinter dem geplanten Anschlag steht, doch alle diesbezüglichen Informationen sind unzuverlässig. Sobald Sie Vater Martinez gesichert haben, werden ihn die FBI-Agenten zu einem Safehouse bringen.

Es handelt sich um eine Mission mit Geheimhaltungsstufe Alpha, aber die Kassandra-Abteilung hat sie als potenziell problematisch markiert. Bleiben Sie also stets wachsam, viel Glück."

Die Botschaft endet mit dem Siegel des Delphi-Rates.

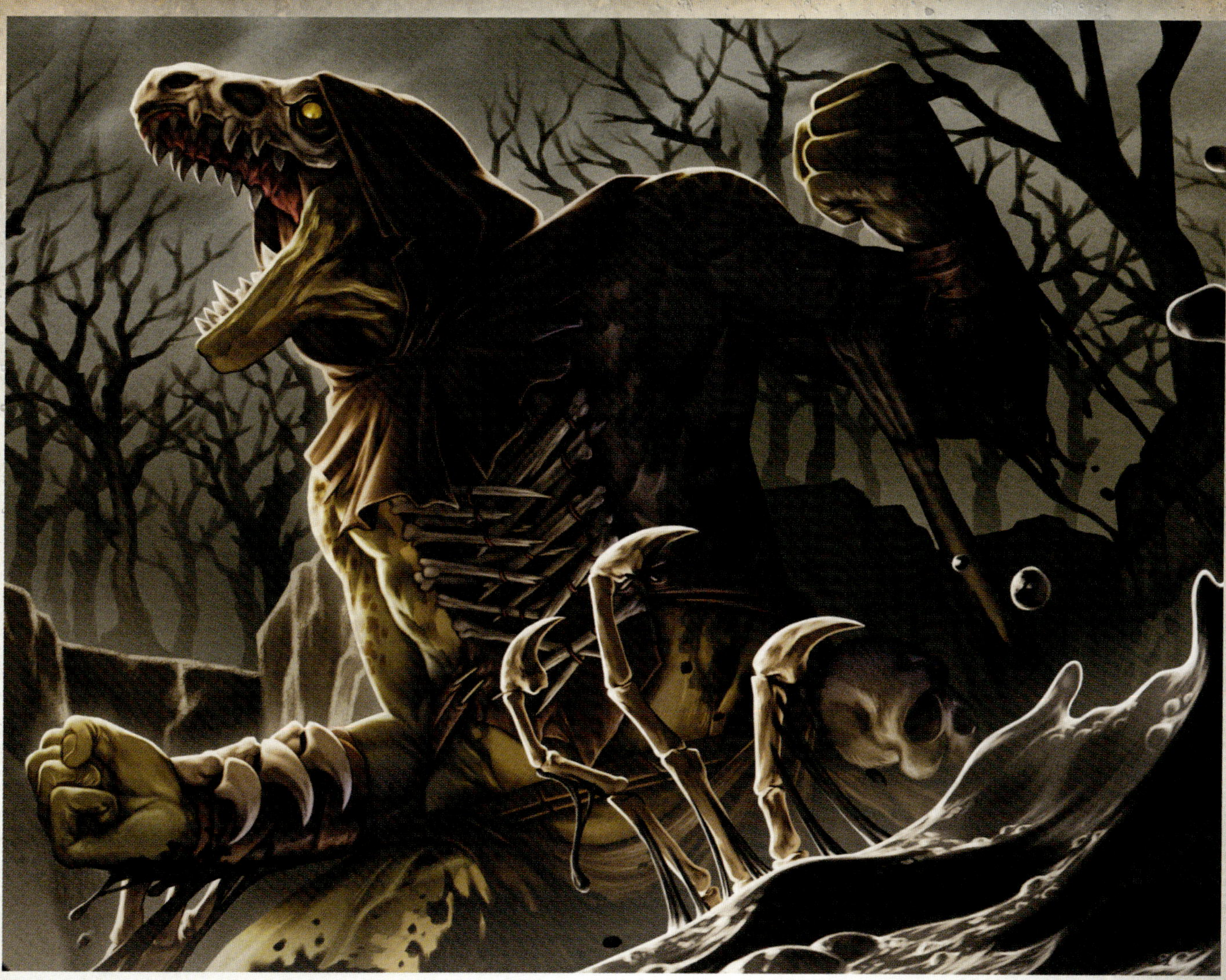

Auf Menschen und Edeinos warten grausige Schrecken bei einem Albtraumbaum.

Der Grund, warum die Informationen bezüglich des geplanten Anschlags auf Vater Martinez so vage sind, liegt darin, dass eine Seherin seinen Tod durch Kreaturen vorhergesehen hat, die an Edeinos erinnern, aber eben keine Edeinos waren. Die Seherin war nicht dazu in der Lage, detaillierte Informationen zu liefern, aber sie sagte, dass „eine kalte Schwärze wie der Schleier des Todes über der ganzen Szene lag".

Agent Neilson ist davon überzeugt, dass die örtliche Seherin des Rates sehr verlässlich ist. Die drei anderen Agenten reagieren allerdings verächtlich, wenn man sie diesbezüglich fragt, und tun die ganze Sache als Hokuspokus ab.

DIE FREISTADT MIAMI

Vor dem Krieg war Miami eine florierende Stadt mit Millionen von Bewohnern, in denen sich die Kulturen und Traditionen der Karibik und den Amerikas vermischten.

Mehr als die Hälfte der Stadt gehört noch immer zur Realität der Zentralerde, da es zahlreiche Fixpunkte gibt, die vom Freedom Tower, Little Havana und anderen Landmarken gebildet werden. Treibstoff und Elektrizität werden rationiert und ein florierender Schwarzmarkt ermöglicht Zugriff auf verschiedene Luxusgüter für jene, die es sich leisten können.

Miami ist eine Hafenstadt, die sich in konzentrischen Kreisen ausgedehnt hat, während die Bevölkerung gewachsen ist. Die Stadt wird im Westen durch ein gigantisches tropisches Feuchtgebiet begrenzt, das als die Everglades bekannt ist.

Man kann die Everglades auf einer Hauptstraße durchqueren, die über die Halbinsel führt, sowie auf mehreren kleineren, erhobenen Straßen. Eine davon führt nach Shark Valley und zur dort befindlichen Rangerstation, die inzwischen aufgegeben wurde.

EINEN PRIESTER RETTEN

Standardszene. Die zwei SUVs des FBI fahren auf den Parkplatz einer Kirche. Dort befinden sich auch mehrere aufgegebene Fahrzeuge. Das Pfarrhaus, in dem der Priester lebt, ist vom eigentlichen Kirchengelände abgesetzt. Wenn die Storm Knights keine anderen Pläne haben, dann wollen die vier Agenten eine Perimeterverteidigung errichten, während die Helden das Gebäude betreten und Vater Martinez abholen.

Das Pfarrhaus ist ein kleines zweitstöckiges Gebäude, das aus Beton gefertigt ist. Während sich die Storm Knights nähern, fällt ihnen bereits auf, dass die Vordertür ein Stück weit offen steht. Das Erdgeschoss wirkt verlassen, aber unverwüstet. So sind beispielsweise auf dem Pult der Rezeption Papiere und verschiedene Vorräte sorgfältig aufgestapelt. Ein sanfter Luftzug weht durch die halb geöffneten Fenster und bietet eine leichte Erfrischung angesichts der drückenden Hitze hier in Miami. Aufgrund der Energieknappheit ist der Betrieb von Klimaanlagen strikt verboten. Ein angrenzendes Büro ist ebenfalls leerstehend. Direkt rechts vom Eingang befindet sich eine Treppe, die in den ersten Stock hinaufführt.

Die Treppe führt in einen beleuchteten Wohnraum mit einem Tisch, einem Bett und ein paar Pritschen. Auf der gegenüberliegenden Seite des Raumes, gegenüber von großen Fenstern, ist eine Tür, die ebenfalls halb offen steht. Bevor die Storm Knights noch mehr tun können, als sich kurz umzusehen, hören sie ein hohes Zischen.

Einen Augenblick später wird der Raum in Schatten getaucht, mehrere Edeinos springen durch die Fenster und landen in einer Wolke herumwirbelnder Glassplitter. Die Edeinos greifen sofort jeden an, den sie sehen können. Im Gegensatz zu anderen Edeinos setzen sie dabei nur Krallen und Bisse ein.

- **Befleckte Edeinos (3 je Held):** Siehe rechts.

„NATÜRLICH SSSSTIMMT ETWASSS NICHT. MEINE LEUTE VERWANDELN SSSSICH NICHT IN SCHSCHLEIM, WENN MAN SSSSIE TÖTET!“

– MOONWALKER

BEFLECKTE EDEINOS

Attribute: Charisma 5, Geschicklichkeit 9, Verstand 6, Geist 8, Stärke 10
Fertigkeiten: Ausweichen 10, Einschüchtern 10, Finden 8, Heimlichkeit 10, Manövrieren 10, Überlebenskunst 8, Waffenloser Kampf 11
Bewegung: 9; **Robustheit:** 10; **Schock:** 10; **Wunden:** —
Ausrüstung: —
Vorzüge: Wirbelwind
Möglichkeiten: Nie
Spezielle Fähigkeiten:

- **Biss/Krallen:** Schaden *Stärke* +2/12.
- **Gift:** Wenn der Edeinos mit Biss oder Krallen Schaden anrichtet, der größer ist als die Robustheit des Ziels, wird es vergiftet und erleidet für eine Minute in jeder Runde 1 Schock.

Während des Kampfes sollten die Storm Knights eine *Finden*-Probe mit MW 10 ablegen. Bei einem Erfolg bemerken sie, dass die Haut der Edeinos schwarz und violett gescheckt ist, wie ein gigantischer Bluterguss. Außerdem stinken sie widerwärtig aus den Schnauzen, so als ob sie verdorbenes rohes Fleisch gefressen hätten. Mit einem guten Erfolg erkennen die Storm Knights aufgrund der Schwimmhäute, dass sie zum Blaugratclan gehören müssen. Außerdem haben sie abblätternde türkisfarbene Pigmente auf der Haut. Bei einem Hervorragenden Erfolg hören sie, dass auch im hinteren Teil des Kirchengrunds gekämpft wird.

Nach der Schlacht beginnen die Körper rasch zu verwesen, und zwar in einem Tempo, das auch für das Lebende Land außergewöhnlich ist. Kurz darauf sind von ihren Körpern nur noch wabbelnde Pfützen einer seltsam gallertartigen Substanz übrig. Wenn die Storm Knights genauer hinsehen, um festzustellen, warum die Pfützen sich bewegen, stellen sie fest, dass sich in jeder Pfütze ein großer weißer Wurm hin und her windet.

FREUNDLICHE GESICHTER

Sobald die Edeinos besiegt wurden, finden die Storm Knights rasch Vater Martinez. Er befindet sich in seinem Raum, kniet und betet. Er ist ein katholischer Priester in dem typischen schwarzen Ordensgewand. Der Priester stellt sich als Vater Martinez vor und begrüßt die Neuankömmlinge mit folgenden Worten:

„Ich danke Ihnen. Ich spürte plötzlich, dass sich etwas Unheiliges und Gefährliches nähert, und habe um Erlösung gebetet. Offensichtlich sind Sie gerade noch rechtzeitig gekommen!“

Ein anderer Mann kommt durch die gegenüberliegende Tür. Er ist mit einer großen, futuristisch aussehenden Pistole ausgerüstet. Er ist gekleidet wie jemand, der direkt aus einem schlechten Science-Fiction-Film stammt, der in der nahen Zukunft spielt. Er stellt sich mit einem starken Akzent als Michelle Laurent vor. Er zeigt seine Ausweispapiere und diese belegen, dass er aus Paris kommt und ein ehemaliger Beamter von Interpol ist. Jetzt gehört er zur Kirchenpolizei Avignon.

Wenn man ihn rasch abtastet, stellt man fest, dass er keine kybernetischen Implantate hat. Er ist auch bereit, seine Waffe (eine GWI GodMeeter mit einem Schalldämpfer) wegzustecken, wenn man ihm dies befiehlt, wobei sich diese aber leise murmelnd darüber beschwert.

Michelle erklärt, dass er geschickt wurde, um sich mit Vater Martinez über Hilfe aus Avignon zu unterhalten. Wenn er die seltsamen Edeinos draußen sieht, gegen die die Gruppe gekämpft hat, sagt er: „Seine Heiligkeit schätzt andere Männer Gottes und des Friedens und möchte, dass sie in diesen gefährlichen Zeiten in Sicherheit leben können."

Hinter der Kirche sind Schleimhaufen, die an jene erinnern, die die Storm Knights im Kampf zurückgelassen haben. Sie stellen einen eindeutigen Beweis dafür da, dass Laurent offenbar aufrichtig ist.

Sobald Agent Neilson eintrifft, stellt er sicher, dass es sich um Vater Martinez handelt. Dann fordert er die Storm Knights auf, ihn zu einem Safehouse zu begleiten, wo man eine Nachbesprechung durchführen und weitere Schritte besprechen kann. Immerhin geht es bei diesem Einsatz darum, weitere Mordversuche zu vereiteln. Die Agenten stellen den Storm Knights sogar einen der SUVs zur Verfügung, damit sie schneller dorthin kommen, und nehmen den anderen, um Meldung zu machen und neue Befehle zu erhalten.

Außerdem planen die Agenten, Michelle Laurent mitzunehmen und zu verifizieren, ob das Cyberpontifikat irgendwie in die ganze Angelegenheit verstrickt ist. Wenn die Storm Knights den Agenten anbieten, mitzukommen, dann lehnt Neilson das Angebot ab. Er ist wirklich davon überzeugt, dass ihre oberste Priorität darin besteht, Vater Martinez zu beschützen. Außerdem könnte diese Situation „mit Besuchern aus fernen Landen" schwerwiegende politische Konsequenzen haben, und er möchte zumindest momentan dafür sorgen, dass der Delphi-Rat nicht darin verwickelt wird.

In Wahrheit hat Michelle nichts mit dem Angriff zu tun. Er war aber tatsächlich im Namen des Cyberpontifikats hier und wollte die Gunst von Vater Martinez erlangen. Diese Ablenkung sorgt allerdings dafür, dass die Agenten die Storm Knights zurücklassen müssen, und diese haben so die Gelegenheit, den Vater allein in Sicherheit zu bringen und herauszufinden, was hier wirklich vor sich geht.

NACHBESPRECHUNG IM SAFEHOUSE

Das Safehouse ist ein Bürogebäude in der Innenstadt. Es handelt sich um Räume im obersten Geschoss, die mit Liegen und anderen Annehmlichkeiten für eine Notsituation ausgestattet wurden. Vater Martinez scheint nicht überrascht zu sein, dass er zum Ziel eines Anschlages auserkoren wurde, aber dennoch ist er natürlich durch die Schießerei und den Anblick der seltsamen Edeinos sichtlich erschüttert.

Sobald er sich ein wenig beruhigt hat, beginnt er zu erklären:

„Ich versuche, beruhigend zu wirken und der Bevölkerung Hoffnung zu geben, aber ich nutze meinen Einfluss auch, um davor zu warnen, falschen Idolen oder Demagogen anheimzufallen. Viele Bürger von Miami sind sehr religiös, und das hat nach der Invasion sogar noch zugenommen. Abgesehen von den Weltreligionen, die hier praktiziert werden, gibt es natürlich noch exotischere Glaubensrichtungen wie Voodoo, Santeria und viele andere Gruppen, die von charismatischen Anführern geleitet werden. Die meisten von ihnen sind wohlmeinend, aber es gibt auch gefährliche Kulte, die sich von Leichtgläubigkeit und Furcht nähren.

Ein derartiger Mann ist Manny Corbo, ein gefährlicher Betrüger, der das aktuelle Klima der Angst ausnutzt, das sogar die Seelen der tapfersten Menschen erschüttert hat. Als Corbo versicherte, er könnte einen mächtigen Geist herbeirufen, um Wunder zu wirken, hat er natürlich Aufmerksamkeit erregt. Er hat einige der reichsten und einflussreichsten Persönlichkeiten in Miami um sich geschart und ihr Prestige, ihre Macht und ihren Reichtum genutzt.

Ich habe gegen Corbo und seine Gruppe in meinem Radioprogramm gepredigt, und ich konnte so dafür sorgen, dass sich einige seiner Anhänger von ihm abgewandt haben. Einer von diesen erzählte mir, dass Corbo eine fürchterliche Tirade auf mich losgelassen und versichert hat, dass ich dafür büßen würde. Ich hätte jedoch niemals vermutet, dass er sich an die Invasoren wendet, damit diese seine Drecksarbeit für ihn erledigen."

Vater Martinez erzählt den Storm Knights, dass sich Corbo und seine Gruppe in der Nähe des Besucherzentrums von Shark Valley treffen, das sich beim Eingang des Nationalparks Everglades außerhalb von Miami befindet. Agent Neilson fügt hinzu, dass es sich bei den Everglades um einen riesigen Sumpf handelt, der sich am Rand jenes Gebietes befindet, in dem die Technologie zu versagen beginnt. Er ist nicht dazu bereit, seine Männer dorthin zu führen, weil sie dort transformiert werden könnten. Wenn sich die Storm Knights Corbo und seiner Gruppe stellen wollen, dann sind sie auf sich allein gestellt. Martinez glaubt, dass sie sich an diesem Abend wiedertreffen.

Es ist einfach, zum Shark Valley zu kommen. Die US 41, die Straße, die quer durch die Everglades führt, hat eine Seitenstraße, die einen Zugang zum Park darstellt. Die Agenten können ein Fahrzeug anfordern und dafür sorgen, dass die Storm Knights bis zum Abend dorthin transportiert werden.

SHARK VALLEY

Dramatische Szene. Shark Valley ist eine geologische Senke, die zum Shark River am Ostrand der Everglades führt. Das Besucherzentrum verfügt über eine ungewöhnliche geschwungene Rampe, die zur Station der Ranger und zum Beobachtungsturm emporführt. Der Turm hat eine Höhe von 13,5 Metern und bietet einen Panoramablick über die Umgebung.

Wenn sich die Storm Knights einen Transport organisieren und so rasch wie möglich aufbrechen, treffen sie kurz nach Sonnenuntergang dort ein. Falls die Storm Knights auf den Plan verfallen, die Sache hinauszuzögern, weil sie dem Sektenführer bei seinem nächsten Treffen einen Hinterhalt legen möchten, drängt sie Vater Martinez, auf einen unnötigen Aufschub zu verzichten, Er meint, der Kultistenführer und seine Anhänger würden mit jedem verstreichenden Tag nur noch einflussreicher werden.

Wenn die Storm Knights nach Westen fahren, stellen sie fest, dass die Lichter der Stadt immer schwächer werden. Dann ist es auf einmal so, als ob sie eine unsichtbare Grenzlinie überschritten hätten, und die Scheinwerfer ihres Fahrzeugs sind dann die einzige Beleuchtung, die sich durch die Dunkelheit frisst. Nach einer Stunde beginnt ein schwerer Regen zu fallen und sie kommen an einem farbenprächtigen Schild vorbei, das den Eingang zum Shark Valley markiert. Sobald sie das Schild passieren, befinden sie sich in einer Gemischten Zone des Lebenden Landes und von Orrorsh.

Die Storm Knights können die knapp 5 Kilometer zum Beobachtungsturm entweder selbst fahren oder zu Fuß gehen. Kurz vor dem Ende der Straße befindet sich ein großer Parkplatz, der von zwei Männern mit automatischen Waffen beschützt wird, die hier als Wachposten stationiert wurden. Wenn die Storm Knights in einem Fahrzeug ankommen, dann befehlen ihnen die zwei Männer schroff, dass sie sich wieder vom Acker machen sollen, da hier gerade eine private Veranstaltung stattfinde. Mit einer erfolgreichen Probe auf *Überreden* gegen MW 12 können die Storm Knights die Wachen davon überzeugen, dass sie zu Corbos Treffen eingeladen sind und sich einfach nur verspätet haben. Falls sie es stattdessen mit einer Probe auf *Einschüchtern* gegen MW 12 versuchen, erleiden sie einen Malus von –2, da es sich bei den Männern um hartgesottene Kriminelle handelt. Andernfalls müssen die Storm Knights wohl gegen sie kämpfen.

Wenn die Storm Knights allerdings zu Fuß unterwegs sind, dann bekommen die beiden Wächter vermutlich nichts von ihrer Ankunft mit. Mit einer erfolgreichen Probe auf *Heimlichkeit* gegen MW 10 können sie mit Überraschung angreifen.

Falls die Storm Knights die Wachen überzeugen konnten, dann führen sie sie auf einen Parkplatz, auf dem zahlreiche luxuriöse Autos parken, und zeigen ihnen dann einen Pfad, der zur Versammlung führt. Sie übergeben den Helden eine brennende Fackel. Sie selbst wollen sich nicht dorthin wagen, weil es in der Gegend viele Krokodile und andere gefährliche Wildtiere gibt.

Wenn es zu einem Kampf kommt, können die Helden, nachdem sie die Wächter ausgeschaltet haben, zum Beobachtungsturm hinaufklettern. Von dort aus sehen sie das Licht der Fackeln, mit denen Corbo den Pavillon beleuchtet hat, in dem es zu dem Treffen kommt.

Wenn die Storm Knights Ferngläser oder dergleichen benutzen, dann stellen sie fest, dass es sich bei der Versammlung um gewöhnliche Männer und Frauen handelt sowie etliche bewaffnete Wachen.

- **Norms:** Benutze die Werte für Soldaten (siehe *Torg Eternity*) für alle bewaffneten Norms, auf die die Helden hier treffen.

EIN KAMPF MIT DEM KULT

Nach der Invasion hat die Stadt Miami damit begonnen, ein hohes Kopfgeld auf die Skalps von allen besiegten Edeinos auszusetzen. Manny Corbo, ein ehemaliger Gelegenheitskrimineller und Betrüger, hat sich einer Organisation angeschlossen, die aus ehemaligen Angehörigen eines kolumbianischen Drogenkartells bestand. Während einer schiefgelaufenen Jagd in der Nähe von Shark Valley wurde Corbo verletzt und musste die Flucht ergreifen. Er stolperte halt- und ziellos durch den Sumpf. Er brach erschöpft in der Nähe eines verkrüppelten Baumes zusammen und betete um Rettung. Während sich der Kriegstrupp der Edeinos bereits näherte, tauchte eine wunderschöne Frau hinter dem Baum auf und vernichtete die Angreifer. So wie sie da stand, vom Blut und den Eingeweiden der Angreifer besudelt, erschien ihm die Frau wie ein rächender Engel. Das war nicht verwunderlich, denn schließlich gehörte Corbo der Religion Santeria an. Er nannte sie „La Santisima", und obwohl der Engel kein Wort sprach, sah er in ihr die Antwort auf all seine Gebete.

Er kontaktierte Ricardo Montoya, den Anführer des kolumbianischen Kartells in Miami. Er erzählte ihm von seiner wundersamen Rettung und von der Macht von La Santisima. Montoya, dessen kriminelle Geschäfte durch die Invasion einen schweren Rückschlag erlitten hatten, sah eine günstige Gelegenheit und schloss sich Corbos wachsendem Kult an. Seine Männer sorgten für die Opfergaben, die La Santisima verlangte, und sie stellte ihm im Gegenzug Monstrositäten zur Verfügung, die Montoyas Feinde erledigten.

Als Corbos Einfluss zu wachsen begann, wählte er jene, die er in seinen Kult aufnahm, mit großer Sorgfalt aus. Es handelte sich dabei um Menschen von großem Reichtum und Macht, die mit der strengen Rationierung durch die Regierung unzufrieden waren und sich nach dem Luxus sehnten, den sie einst genossen hatten. Corbo konnte diese Luxusgüter durch die Schmuggeloperationen von Montoya zur Verfügung stellen.

Da La Santisima das Gebiet nicht verlassen wollte, in dem er erstmals auf sie getroffen war, erteilte Corbo den Befehl, eine Bühne und einen Pavillon für seine Zeremonien zu errichten. Auf diesem Weg genossen die Kultmitglieder auch einen besseren Schutz gegen die ständigen Regenfälle in der Gegend.

Der Weg zum Pavillon beträgt ungefähr 1,5 Kilometer und führt durch ein Gebiet beinahe undurchdringlicher Dunkelheit. Das erzeugt eine bedrohliche Atmosphäre, die noch verstärkt wird, weil man hier bereits den unsichtbaren Einfluss von Orrorsh spüren kann. Rund um die Storm Knights wimmelt es in dem Sumpf vor Wildleben. Da quaken Kröten, etwas Großes gleitet langsam durch die Dunkelheit und dergleichen mehr. Kurz bevor die Helden den Pavillon erreichen, dringt der schreckliche Schrei eines Wildschweins durch die Dunkelheit und bricht dann abrupt ab. Der Sumpf scheint den Atem anzuhalten, dann durchbricht das Krachen von Knochen die Stille.

Sobald die Helden bei der Kultstätte eintreffen, fällt den Storm Knights auf, dass die Männer und Frauen in teure weiße Leinenkleidung gehüllt sind. Die Wachen tragen Schusswaffen bei sich. Es ist nicht nötig, Proben auf *Heimlichkeit* zu würfeln, da sich die Aufmerksamkeit der Kultisten auf einen kleinen Mann konzentriert, der auf einer improvisierten Bühne steht. Dabei handelt es sich um Manny Corbo.

Corbo ist gerade mitten in einer fanatischen Rede. Er erklärt, dass es sich bei dem Priester, der seine neugefundene Popularität angeblich dazu nutzt, ihre religiöse Freiheit einzuschränken, um einen verderbten Demagogen handelt. Er beruhigt sich wieder, zeigt auf einen älteren Gentleman und lächelt grausam.

„Erneut stehen wir in der Schuld von Señor Montoya. Seine Männer haben mehrere dieser eindringenden Kreaturen gefasst, und die Macht von La Santisima wird sie unserem Willen unterwerfen. Diese Bestien werden unseren Befehlen folgen. Sie werden unsere Familien beschützen und die Invasoren vertreiben, sodass wir zu dem Leben zurückkehren können, das wir einst alle so genossen haben."

Aus der Dunkelheit hinter der Bühne werden ein Dutzend gefesselte Edeinos nach oben gezerrt. Wenn den Storm Knights eine *Finden*-Probe gegen MW 14 gelingt (aufgrund der Dunkelheit und der großen Entfernung), dann erkennen sie, dass es sich aufgrund der blauen und türkisfarbenen Pigmente um Edeinos des Blaugratclans handeln muss.

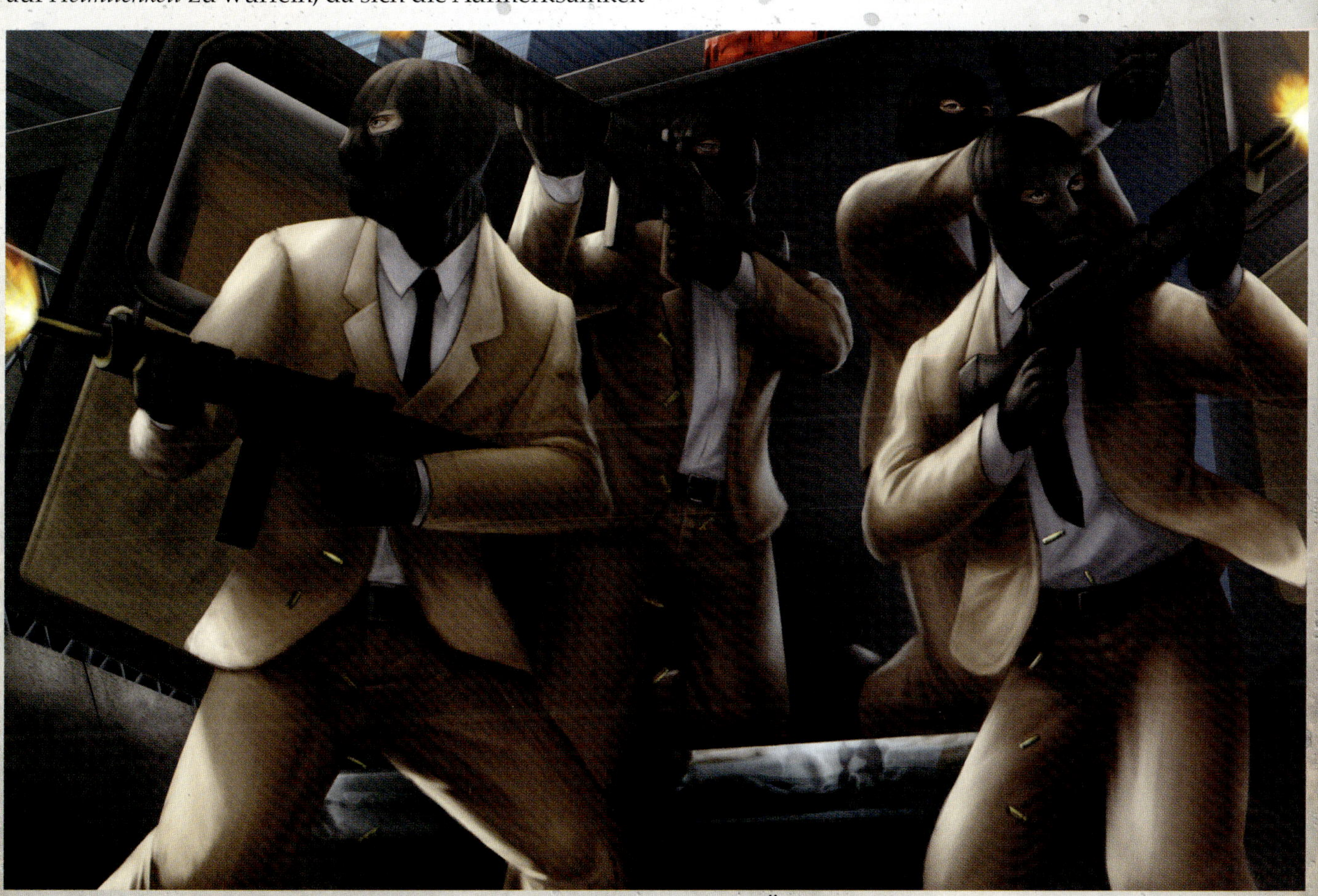

Corbos gedungene Schergen sind in der Überzahl und bereit dazu, die widerwärtigen Bewohner des Tals zu verteidigen.

Einen Augenblick später schwebt eine Frau von überirdischer Schönheit praktisch auf die Bühne. Ihr langes, glattes, schwarzes Haar und ihre blutroten Lippen stellen einen starken Kontrast zu ihrer perlmuttfarbenen Haut dar, die im Fackelschein zu leuchten scheint. Sie tritt zu dem ersten Gefangenen, und ein langer Dolch taucht scheinbar aus dem Nichts in ihrer Hand auf. Sie hebt die Hand und möchte ihn dem Edeinos scheinbar mitten ins Herz stoßen.

Wenn die Storm Knights jetzt nicht eingreifen, dann opfert sie einen Edeinos nach dem anderen. Ihr sonst so ruhiges Gesicht verzieht sich voller Genuss, wenn das Blut auf ihr Kleid spritzt. Wenn La Santisima nicht aufgehalten wird, dann beginnt sie mit einem Ritual. Es handelt sich um einen tiefen Singsang, der auf übernatürliche Weise aus ihr zu dringen scheint. Sie schiebt dann einen großen weißen Wurm in die Kehle jedes der Opfer. Sobald die Edeinos dann von ihren Fesseln befreit werden, stehen sie mit zuckenden Bewegungen auf. Sie werden zu weiteren Gegnern, mit denen sich die Storm Knights herumschlagen müssen, falls sie tatsächlich so lange gewartet haben.

Falls die Storm Knights aber angreifen, bevor La Santisima den ersten Edeinos opfern konnte, haben sie den Vorteil der Überraschung auf ihrer Seite. Das liegt daran, dass alle fasziniert auf das Spektakel auf der Bühne blicken. Corbos Anhänger sind normale Leute, die bei den ersten Anzeichen von Ärger panisch die Flucht ergreifen. Das gilt natürlich nicht für die bewaffneten Wächter, die Corbo und seine Herrin beschützen.

- **Bewaffnete Wächter (2 je Charakter):** Benutze die Werte für Menschliche Soldaten auf Seite 80. Denke daran, dass die Waffen, die sie benutzen, das Tech-Axiom der Gemischten Zone überschreiten. Es kann also durchaus zu Entkopplungen kommen.

KOMPLIKATIONEN

Nach der ersten Runde taucht ein Kundschaftertrupp von Blaugraten auf und beginnt damit, die fliehenden Zivilisten zu massakrieren. Sie haben die Spur der gefangenen Edeinos verfolgt und wollen sich rächen. Die Storm Knights haben die Gelegenheit, ihre Feinde zu Verbündeten zu machen. Mit einer erfolgreichen MW 16 *Überreden*-Probe, auf die die Charaktere +2 erhalten, falls die gefangenen Edeinos noch unverletzt sind und sie ihre Fesseln lösen, können sie die Blaugrate als vorübergehende Verbündete gewinnen. Diese wenden sich gegen ihre wahren Feinde, also gegen Corbo und La Santisima. Andernfalls müssen sie auch noch die angreifenden Blaugrate besiegen.

Der Kampf kann so kompliziert oder einfach sein, wie die SL das wünscht. Die panischen Zivilisten können die Storm Knights daran hindern, einfach das Feuer zu eröffnen. Ob die Wachen ebenfalls so zurückhaltend sind, hängt von der Entscheidung der SL ab. Wenn die Blaugrate nicht zu Verbündeten der Helden geworden sind, dann kannst du sie entweder dazu verwenden, um die Wachen niederzumähen (falls sie sich als zu große Bedrohung für die Storm Knights erweisen), oder du kannst entscheiden, dass die Edeinos zu der Ansicht gelangen, dass es sich bei den Charakteren um die größere Bedrohung handelt, sodass sie ihre Angriffe auf sie konzentrieren.

- **Edeinos-Krieger (1 je Held):** Siehe Seite 80.

LA SANTISIMA ENTFESSELT

Wenn sich das Schlachtenglück wendet, wirft sich Corbo La Santisima zu Füßen und bittet sie darum, ihn zu retten. Sie beugt sich nach unten und streicht ihm sanft über das Haar. Dann packt sie seinen Kopf und reißt ihn mit einer fließenden Bewegung vom Rumpf. Sie steht kurz da, ergötzt sich an dem Blutschwall, der sich über sie ergießt, und enthüllt dann ihre wahre Gestalt.

La Santisima erscheint zuerst als wunderschöne Frau von undefinierbarem Alter, doch wenn sie sich mit Gegnern direkt konfrontiert sieht, greift sie sich mit ihren Fingern in den Mund und die Wangen. Sie reißt sich dann auf grausige Art und Weise das eigene Gesicht herunter, als ob es sich dabei nur um eine Maske handeln würde. Ihr mit Blut und Fleischfetzen überzogener Schädel starrt die Storm Knights bedrohlich an. Kleine Beulen schwimmen unter ihrer weißen Haut hin und her. Wenn die Storm Knights das sehen, müssen sie eine Probe gegen Angst (MW 10) bestehen oder sie zählen als Sehr Angeschlagen.

DIE FÜRSTIN DER WÜRMER

La Santisima ist in Wahrheit die Fürstin der Würmer, ein Schrecken aus Orrorsh. Die Kreatur ist ein 1,20 Meter langer, 60 Zentimeter dicker Wurm, der einen menschlichen Köper als Wirt verwendet. Dabei bevorzugt er normalerweise wunderschöne Frauen als Wirt, damit er auf diesem Weg seine Opfer besser bezirzen kann. Das Wesen nährt sich ausschließlich von Blut. Dieses nutzt es, um seinen eigenen Körper zu erhalten und um die Brut zu nähren, die in dem Wirt heranwächst. Diese Brut besteht aus mehreren Tausend Würmern, die an die Kreatur selbst erinnern, aber natürlich im Vergleich winzig sind.

Als Cordo über den Albtraumbaum gestolpert ist, wollte sich die Fürstin der Würmer zuerst von ihm ernähren. Die angreifenden Edeinos boten ihr jedoch eine bessere Nahrungsquelle und so fasste sie den Plan, Baruk Kaahs Halt in dieser Realität zu unterminieren. Der Mann auf seinen Knien bot ihr an, ihr andere zu bringen, die sie anbeten würden, und die Fürstin der Würmer erkannte dies als gute Gelegenheit, ihre Brut in weitem Umkreis zu verteilen.

Der Angriff durch die Storm Knights und die Edeinos haben die Kreatur extrem wütend gemacht, und aus einer Laune heraus tötete sie Corbo. Sein Blut versorgt sie mit zusätzlicher Energie und Kraft, um besser gegen die Storm Knights kämpfen zu können.

Attribute: Charisma 6 (13 als La Santisima), Geschicklichkeit 9, Verstand 6, Geist 11, Stärke 12
Fertigkeiten: Ausweichen 12, Einschüchtern 14, Finden 9, Nahkampfwaffen 12, Realität 12, Waffenloser Kampf 12, Willenskraft 14
Bewegung: 9; **Robustheit:** 12; **Schock:** —; **Wunden:** 3
Ausrüstung: —
Vorzüge: —
Möglichkeiten: 3
Spezielle Fähigkeiten:

- **Angst:** Wenn man die Fürstin der Würmer erstmals in ihrer wahren Gestalt sieht, muss jeder Held eine Probe auf *Willenskraft* oder *Geist* bestehen. Wer scheitert, ist Sehr angeschlagen.
- **Biss/Krallen:** Knochenkrallen schießen aus den Fingerspitzen der Kreatur. Schaden *Stärke* +2/14.
- **Dunkelheit:** Die Fürstin der Würmer erhält einen Bonus auf Robustheit in Höhe des Malus auf Dunkelheit, der aufgrund der aktuellen Lichtverhältnisse gilt. Wenn die Helden beispielsweise mit ihrem Angriff gewartet haben, bis es Tag ist, erhält sie keinen Bonus, wenn der Kampf mitten in der Nacht stattfindet, erhält sie +4 Robustheit.
- **Säurespucke:** Einmal je Kampf kann die Fürstin der Würmer einen Säureangriff mit *Projektilwaffen* machen, der die Form einer Mittleren Explosion mit 12 Schaden annimmt. Jeder, der Schaden durch diesen Angriff erleidet, ist automatisch für eine Runde Angeschlagen, weil er Hunderte von Würmern abstreifen muss, die sich sonst in seine Haut graben.
- **Unerbittlich:** Der Wirtskörper der Fürstin ist nur eine Fleischpuppe, die sie steuert, sodass sie Schock ignoriert.
- **Wahrer Tod:** Nachdem man den Wurm aus dem Wirtskörper gerissen hat, muss man ihn mit Steinsalz bestreuen und dann anzünden. Andernfalls kehrt die Fürstin der Würmer zu einem späteren Zeitpunkt zurück, um erneut die Lebenden heimzusuchen.

NACHSPIEL

Der Albtraumbaum befindet sich in der Nähe. Es handelt sich um einen gigantischen Baum, dessen Stamm so aufgebläht ist, dass ihn acht Leute mit ausgestreckten Armen umfassen können. Seine blattlosen Zweige erstrecken sich wie die Hand eines Toten in den Himmel. Seine Rinde ist vertrocknet und fühlt sich brüchig an. Die Zerstörung des Albtraumbaumes könnte sogar zu einer richtigen Kampagnenherausforderung werden. Sein Holz brennt nicht und jeder Versuch, ihn einfach zu fällen, ist zum Scheitern verurteilt, da sein blutrotes Harz jede Verletzung sofort heilt und eine verschorfte Wunde im Holz entstehen lässt.

Der Albtraumbaum befindet sich auf einer kleinen Anhöhe, bei der es sich um den Ort eines Massakers während des Zweiten Seminolenkrieges handelt. Hier wurden Dutzende Indianer vom Stamm der Seminolen im Jahr 1840 von Soldaten in einen Hinterhalt gelockt und massakriert. Bei diesem Ort handelt es sich natürlich um einen fruchtbaren Ort für die Saat des Hageren Mannes.

Mit dem Tod von Corbo und der Vernichtung der Fürstin der Würmer zerfällt der Kult und stellt für Vater Martinez und auch andere Personen keine Gefahr mehr dar. Die Leichen, die durch die parasitäre Brut der Fürstin der Würmer infiziert wurden, sind nicht länger belebt und zerfallen zu schwarzen Schleimpfützen.

Wenn es den Storm Knights gelungen ist, eine Allianz mit den Blaugratedeinos zu schließen, dann hat diese auch nach der Vernichtung der Fürstin Bestand. Sie lassen die Charaktere unbehelligt ziehen. Ob die Storm Knights auf diesem brüchigen Frieden aufbauen können, liegt ganz an ihnen und wird sich wohl erst in der Zukunft erweisen.

Die Storm Knights haben sich in dieser Nacht Ricardo Montoya zum Feind gemacht. Der Verbrecherboss wird ihre Einmischung in seinen Versuch, seine Machtbasis erneut aufzubauen, nicht vergessen. Montoya wird sich zu einem Stachel in der Seite des Delphi-Rates in Miami entwickeln.

ERSTE PILGERFAHRT I

– VON GREG GORDEN

COSM: LEBENDES LAND

SCHAUPLATZ: IN DER NÄHE VON ASTORIA, OREGON

Der Delphi-Rat hat die Storm Knights darum gebeten, ins Lebende Land zu reisen, um eine Quelle von Rankenmetall zu finden. Dabei handelt es sich um eine Art lebendes Metall. Der Rat muss wissen, ob Werkzeuge und Waffen, die aus diesem Metall gefertigt werden, im Lebenden Land besseren Bestand haben als vergleichbare Gegenstände, die aus Materialien der Zentralerde gefertigt werden. Die Helden werden in der Nähe von Astoria in Oregon abgesetzt. Dort sollen sie auf einen Führer des Geisterclans treffen, der sie zu einer Stätte von Rankenmetall in den Ruinen Portlands in Oregon führen soll. Diese Reise sollte ungefähr eine Woche in Anspruch nehmen.

Der Edeinos ist ein Gotak, dessen Glauben an Lanala absolut ist, der aber begonnen hat, seinen Glauben an Baruk Kaah als seinen Saar anzuzweifeln. Tyec Ssan stellt die Tatsache in Frage, ob es sich bei dem High Lord wirklich um einen Repräsentanten des Willens Lanalas handelt. Baruk Kaahs rachsüchtige Zerstörung von Seattle passt nicht gut zum Glauben Tyecs, dass der Tod ein heiliger Bestandteil des Lebens und ein wichtiger Bestandteil der Anbetung Lanalas ist. Er befindet sich daher auf der Ersten Pilgerfahrt des Gotaks. Dabei handelt es sich um ein Ritual, das den Ursprung des ersten Gotaks nachempfindet.

DELPHI-EINSATZBESPRECHUNG

Standardszene. Der Rat überreicht den Storm Knights zusätzlich zur Einsatzbesprechung ein Geschenk. Das Geschenk ist ein 38er Revolver mit 24 Schuss Munition. Der Revolver sieht ungewöhnlich aus. Es verlaufen Spiegelungen auf dem Lauf und dem Griff, die unabhängig vom eintreffenden Licht sind. Der Revolver wird langsamer heiß und kühlt rascher ab, als dies bei normalem Metall der Fall ist.

Die Einsatzbesprechung erklärt, dass der 38er aus Rankenmetall hergestellt ist. Dabei handelt es sich um ein lebendes Metall, dass man in Willamette Valley im ehemaligen Bundesstaat von Oregon finden kann. Der Rat hat bei einem Handel mit dem Geisterclan eine Probe erhalten. Die Wissenschaftler sind der Ansicht, dass lebendes Metall im Gegensatz zu herkömmlichem Metall im Lebenden Land nicht ungewöhnlich rasch verfällt oder zerbricht.

Der Rat möchte, dass die Storm Knights die Waffe auf die Probe stellen, um herauszufinden, ob man sie im Kampf gegen Baruk Kaah nutzen kann. Sie wollen,

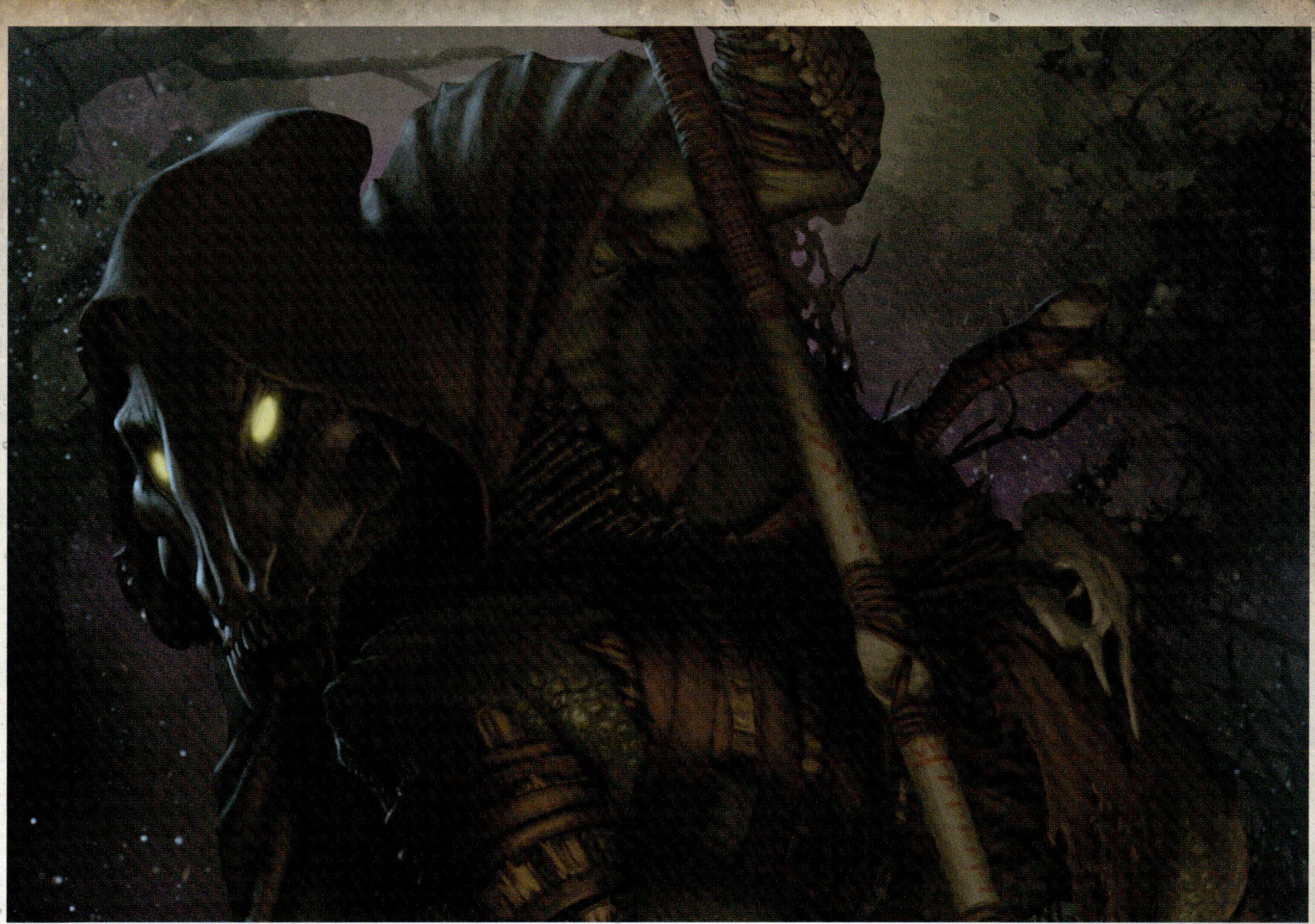

Tyec Ssan ist ein Gotak des Geisterclans.

dass sie die Quelle des Rankenmetalls finden und herausfinden, ob man diese irgendwie nutzen oder abbauen kann. Die Grauen des Geisterclans kennen den Standort des Rankenmetalls und haben einen Führer für diesen Einsatz zur Verfügung gestellt.

Die Helden werden nahe Astoria in Oregon abgesetzt, einer früheren Hafenstadt. Jetzt ist sie zu einem kleinen befestigten Lager mit 700 Einwohnern geworden. Das Lager befindet sich bei einem Fixpunkt. Dabei handelt es sich um ein Haus, in dem ein Teil des Films „Die Goonies" gedreht wurde. Die Storm Knights treffen ein kleines Stück außerhalb von Astoria auf ihren Führer.

DIE WEGE DES GOTAKS

Tyec wurde von Lanala in jungen Jahren gezeichnet. Ein verwundetes Tier kam in das Lager seines Stammes und starb direkt vor seinen Füßen. Der Optant des Stammes begann zum gleichen Zeitpunkt, als er begann, das Jagen zu lernen, ihn in den Wegen Lanalas zu unterweisen. Diese frühe Ausbildung in den Wegen des Lebens hat vielleicht auch seine Einstellung bezüglich des Lebens als Gotak beeinflusst.

Er erfüllt seine Pflicht, Lanala zu dienen, voller Eifer und Enthusiasmus. Tyec schloss sich dem Kampf des Saars gegen Seattle an. Doch der Kampf um Seattle sorgte dafür, dass sein Glaube an Baruk Kaah gemeinsam mit den einstürzenden Gebäuden in Trümmer ging. Es gab keine Möglichkeit, eine solch große Zahl von Toten angemessen zu weihen. Es gab keine Möglichkeit, dafür zu sorgen, dass ihre Geister ihren Weg zu Lanala finden würden, keine Möglichkeit, die Weisheit des Planes der Göttin zu bewahren und zu ehren. Er ist seinem Stamm gegenüber allerdings noch immer loyal und empfindet gegenüber den Angehörigen anderer Cosms Misstrauen. Doch Tyec hat die Bitte der Grauen akzeptiert, die Agenten des Delphi-Rates zu führen. Der Gotak plant, diese Reise zugleich als seine Erste Pilgerfahrt zu nutzen. Dabei handelt es sich um eine spirituelle Reise, die die Ursprünge des Ersten Gotaks der Edeinos erzählt und in begrenztem Umfang sogar nachempfindet. Obwohl er ein zuverlässiger Führer ist, ist er doch mehr daran interessiert, wie die Agenten sich auf der Ersten Pilgerfahrt und bei den Diskussionen beim Feuergespräch schlagen. Das eigentliche Ziel der Reise tritt dabei sogar in den Hintergrund.

DIE PFLEGE UND ERNÄHRUNG VON RANKENMETALL

Rankenmetall ist eine lebende Pflanze. Sie benötigt wie jede Pflanze Licht, Nährstoffe und Wasser. Glücklicherweise ist ihre Pflege recht einfach: Man muss sie tagsüber dem Sonnenlicht aussetzen und während der Nacht ins Erdreich pflanzen. Sobald das Rankenmetall gepflanzt wurde, bildet es winzige Wurzeln aus, um Nährstoffe aufzunehmen. Nimmt man es wieder aus dem Boden, ziehen sich die Wurzeln in die Pflanze zurück. Rankenmetall kann ungefähr drei Tage ohne Licht und Wasser auskommen. Am Ende dieser Zeitspanne wird es allerdings rasch braun und zerbröselt dann wie ein vertrocknetes Blatt.

Rankenmetall verrottet und zerfällt im Lebenden Land nicht wie Werkzeuge, die aus toten Dingen hergestellt werden. Dennoch kann die Technologie, die das daraus hergestellte Werkzeug hat, noch immer einen Widerspruch auslösen. Der 38er Revolver ist davon betroffen. Rankenmetall benötigt ein Spiritual-Axiom von mindestens 16, um am Leben zu bleiben. Wenn es sich in einem Cosm entkoppelt, in dem das Spiritual-Axiom niedriger ist, dann stirbt es sofort ab und es bleibt nur eine brüchige, braune Hülle übrig.

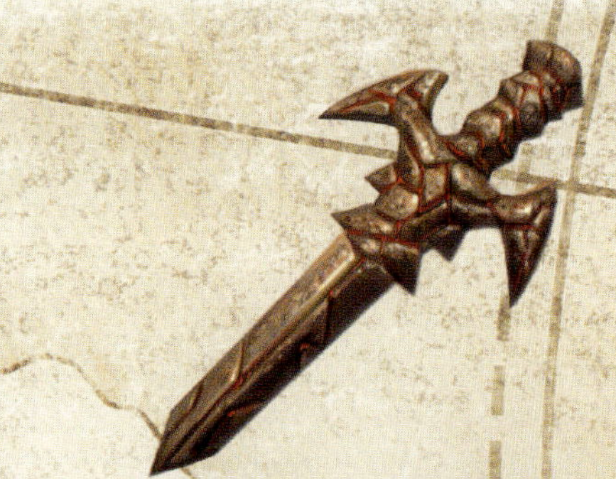

NEUER VORZUG: KRALLENWORTE

Voraussetzung: Jakatt des Geisterclans

Krallenworte kanalisieren Lanalas Geist durch kraftvolle Gesten, die das gesprochene Wort eines Jakatts verstärken. Ein Edeinos mit diesem Vorzug ergänzt seine gesprochenen Worte mit nachdrücklichen Gesten und entsprechender Mimik. Obwohl dies auch dazu dient, den Worten mehr Gewicht zu verleihen, sorgt die spirituelle Energie dafür, die Worte zu stärken, wenn sie ausgesprochen werden.

Der Jakatt vollführt kraftvolle, dramatische Gesten und Bewegungen, um seiner Botschaft Nachdruck zu verleihen. Er kann Proben auf *Glauben* würfeln statt auf *Einschüchtern*, *Überreden* oder *Verspotten*, wenn das Ziel ein Anhänger Lanalas ist. Die Probe ist außerdem Begünstigt.

TYEC SSAN

Attribute: Charisma 6, Geschicklichkeit 9, Verstand 8, Geist 11, Stärke 10

Fertigkeiten: Ausweichen 10, Einschüchtern 12, Finden 10, Glauben 15, Manövrieren 11, Nahkampfwaffen 11, Projektilwaffen 11, Waffenloser Kampf 11, Willenskraft 12

Bewegung: 10; **Robustheit:** 12 (2); **Schock:** 11; **Wunden:** 3

Ausrüstung: Hrockt-Sprossenspeer (Schaden *Stärke* +2/12), Hrockt-Wurzelrüstung (Rüstung +2, Torso)

Vorzüge: Gotak, Krallenworte, Wunderwirker (*Feind abwehren, Mit Geistern sprechen, Segnen, Verbannen, Verfluchen*)

Möglichkeiten: Selten (2)

Spezielle Fähigkeiten:

- **Biss/Krallen:** Schaden *Stärke* +2/12.

EIN GOTAK SEIN

Die Gotaks des Geisterclans werden von den meisten Aktivitäten des Stammes ausgeschlossen. Dieses Unbehagen der Edeinos mit der Rolle der Gotaks in Keta Kalles spiegelt sich auch in einem extrem formellen Umgang mit ihnen wider. Tyec Ssan ist daran gewöhnt und erwartet von den Storm Knights ebenfalls, sich an diese Protokolle zu halten.

Namen sind für die Lebenden

Sobald die Gotaks den Eid geschworen haben, distanzieren sich andere Jakatts von diesen Priestern des Todes. Deswegen benutzen Gotak keine Namen, wenn sie mit anderen sprechen. Sie bezeichnen sich selbst einfach als „Gotak" oder „Ich, der Gotak", wenn sie darauf hinweisen müssen, dass ein bestimmter Gotak unter mehreren gemeint ist. Sie selbst sprechen andere mit einer Bezeichnung an, die deren Rolle widerspiegelt. Wenn daher die Vorstellungen zu Beginn der Reise gemacht werden, dann zeigt der Gotak klar, dass er sich sehr unbehaglich mit dem Austausch von Namen fühlt. Er stellt den Helden Fragen und versucht sie dazu zu bringen, jeweils ihre Rolle zu definieren, mit der er sie dann ansprechen kann, statt mit ihrem Namen.

„Namen sind für die Lebenden. Was seid ihr für mich?"

Den Tod respektieren

Der Tod ist ein würdiger, wichtiger Bestandteil von Lanalas Plan. Begräbnisriten sind ein zentraler Bestandteil von Keta Kalles, und wenn man diese Riten ignoriert, dann handelt man dem Willen der Göttin des Lebenden Landes zuwider. Eine derartige Missachtung durch einen Gotak kann dazu führen, dass das Land selbst gewaltsam gegen ihn vorgeht (siehe **„Diese Felsen hassen euch"** rechts).

DIE ART DES GEISTERCLANS ZU SPRECHEN

Das Gesetz des Lebens und das Gesetz der Wildheit haben die Sprachmuster der Edeinos beeinflusst. Sie sprechen alles direkt aus, verwenden nur das Aktiv und fassen sich normalerweise kurz. Alles lebt, und gesprochene Worte repräsentieren oft diese Einstellung. Die Jakatts schreiben Dingen, die für Bewohner der Zentralerde unbelebt sind, Aktionen und Motive zu. Wenn sie daher eine Ausdrucksweise verwenden, die für einen Bewohner der Zentralerde metaphorisch erscheinen mag, meinen sie das meist wörtlich. „Deine Worte sind verwundet" würde beispielsweise bedeuten, dass der Sprecher etwas Unglaubwürdiges oder Verwirrendes gesagt hat. Der Edeinos sieht den Sprecher tatsächlich als jemanden, der seine eigenen Worte verletzt hat, und deswegen tut es dem Hörer jetzt weh, diese Worte hören zu müssen.

Wenn Edeinos ein Wort nicht kennen, können sie danach auf zwei unterschiedliche Arten und Weisen fragen. Jeder Ausdruck beginnt mit der Phrase „Was bin ich?" und endet mit der Anerkennung, dass sie das Wort oder die Phrase sind. Bei Substantiven zeigt der Edeinos auf die Person, den Ort oder den Gegenstand. Bei Verben versucht der Edeinos, die Handlung nachzuspielen, für die es steht. Andere Möglichkeiten, etwas zu fragen oder zu lernen, sind dem Feuergespräch vorbehalten.

Ein Edeinos könnte also beispielsweise auf eine Blume zeigen und fragen: „Was bin ich?" Wenn man ihm sagt, dass es sich um eine Rose handelt, sagt er: „Ich bin eine Rose", und wartet dann auf Bestätigung. Wenn es sich um einen wirklich herausragend höflichen Edeinos handelt, dann würde er anschließend sowohl der Rose als auch der Person, die ihm gesagt hat, dass es sich um eine Rose handelt, danken.

Ein Edeinos, der das Wort für „jagen" erfahren will, würde also fragen: „Was bin ich?" Dann würde er pantomimisch darstellen, wie er schleicht, seinen Speer wirft und schließlich die Beute erlegt. Er würde dabei alle Phasen dieser Scharade wie bei einer Runde Activity ausspielen, aber besonders detailliert und übertrieben. Wenn man ihm dann das Wort „jagen" verrät, würde er sagen: „Ich bin jagen", und auf eine entsprechende Bestätigung warten. Höfliche Edeinos bedanken sich anschließend bei dem Sprecher für das Geschenk des Wortes.

Nachfolgend findest du ein paar Beispiele, wie die Spielleiterin auf die Art und Weise der Edeinos vom Geisterclan sprechen kann. Diese Sätze sollen als eine kurze Leitlinie dafür dienen, wie die Edeinos mit der spirituellen Natur des Lebenden Landes interagieren. Natürlich handelt es sich dabei nicht um eine umfassende Liste. Die Spielleiterin sollte sie nur als eine Basis dafür verwenden, wie ein Edeinos mit den Storm Knights interagieren könnte.

„DER DSCHUNGEL LIEBT UNS AN DIESEM MORGEN"

Jakatts können die spirituelle Ruhe oder die Aufruhr ihrer Umgebung spüren. Die Anwesenheit von Wundern, Raubtieren, reicher Beute, herausforderndem Gelände und einheimischen Geistern innerhalb einer Tagesreise können diesen spirituellen Eindruck, den das umliegende Land hinterlässt, beeinflussen. Wenn einer der Entdecker diesen spirituellen Eindruck erfassen will, muss er eine *Glauben*-Probe gegen MW 12 ablegen. Du solltest die Resultate dann so beschreiben, als ob der Dschungel der Schauspieler wäre, der die spirituelle Einstellung repräsentiert. Bedrohungen könnten beispielsweise so ausgedrückt werden: „Der Dschungel jagt uns." Wenn sich ein Wunder in der Nähe befindet, würde das heißen: „Der Dschungel enthüllt sich uns" oder „Der Dschungel verlockt uns". Zu erwartende Schwierigkeiten auf der Reise würde heißen: „Der Dschungel fordert uns heraus." Dieses Gespür oder dieser Eindruck sind keineswegs allumfassend. Mit einer erfolgreichen Probe wird nur ein derartiger Aspekt enthüllt.

„DIE BÄUME FLÜSTERN VOLLER ZORN"

Der Jakatt spürt eine Gefahr, die in den Bäumen oder in einem anderen gut sichtbaren Aspekt des Geländes verborgen ist. Jakatts vertreten die Ansicht, dass sie diese Gefahren spüren können, da sie von den Geistern der Bäume gewarnt werden. Es ist allerdings eher wahrscheinlich, dass sie die Gefahren mit ihren gut geschärften, urtümlichen Sinnen wahrnehmen.

„DIESE FELSEN HASSEN EUCH"

Charaktere, die Lanala oder das Lebende Land verspotten oder nicht mit dem nötigen Respekt behandeln, provozieren eine Reaktion von den Geistern des Lebenden Landes. Wenn dies geschieht, kann ein Jakatt das Missfallen des Landes der entsprechenden Person gegenüber oftmals spüren. Ein rachsüchtiger Teil des Lebenden Landes kann dafür sorgen, dass der Charakter, der es aufgebracht hat, Sehr Angeschlagen ist. Der Modifikator könnte sich auf die Bewegung, den Kampf, die Navigation, das Aufschlagen eines Lagers, ja auf praktisch jede mögliche Aktion des Charakters auswirken. Das Land lebt, es kann den Charakter nicht leiden und es reagiert dementsprechend.

Die Vegetation erzeugt laute, schnappende Geräusche, wodurch alle Proben auf *Heimlichkeit* schwieriger werden. Felsen haben auf einmal scharfe Kanten oder sind glitschig, wodurch Fortbewegung und Klettern erschwert sind. Nebel bewegt sich so, dass der Standort des Charakters enthüllt und der von Gegnern verschleiert wird. Holz ist zu feucht und man schafft es nicht, ein Lagerfeuer in Gang zu bringen.

Regen kommt peitschend daher und erschwert dem Charakter die Sicht. Die Spielleiterin sollte sich das so vorstellen, als ob der Charakter in ein Spukhaus mit mehreren Tausend Quadratkilometern Größe gestolpert ist, und ihrer Fantasie einfach freien Lauf lassen.

Der in Ungnade gefallene Charakter muss Buße tun und sich für mindestens zwei Tage voller Treue und Aufrichtigkeit an die Rituale und Praktiken der Jakatts halten. Außerdem muss er sich persönlich bei Lanala entschuldigen. Diese Entschuldigung hat oft die Form einer Opfergabe oder eines Dienstes für die Göttin. Sobald das getan ist, verzeiht das Land dem Charakter. Die Spielleiterin kann die Schwierigkeit der Buße erhöhen, wenn sie der Ansicht ist, dass der Charakter etwas wirklich Blasphemisches getan hat.

„Deine Worte sind verwundet“

Die Worte eines Charakters haben den Edeinos in keiner Weise beeindruckt oder sind sogar völlig unverständlich. Der Sprecher kann es erneut probieren, indem er seine Worte mit dramatischen Bewegungen und Gesten unterlegt, oder ihm fällt ein anderer Weg ein, wie er ihre Bedeutung klarmachen kann. Die Spielleiterin sollte dies wie eine Runde Activity betrachten.

„Mein Herz trommelt sich vor Begeisterung über deine Worte auf die Brust“

Das mag sich jetzt für einen Bewohner der Zentralerde wirklich seltsam anhören, aber für einen Edeinos ergibt diese Aussage großen Sinn. Sein Herz ist das Zentrum seiner Emotionen und Gefühle und es stellt damit einen unabhängigen Bestandteil für ihn dar. Wenn ihn nun die Worte eines Charakters beeindrucken, dann würde sich sein Herz, da es sich dadurch angesprochen fühlt, wirklich vor Begeisterung auf die Brust schlagen. Manche Edeinos werden auch andere Gefühlsregungen wie Wesenheiten beschreiben, die dann irgendwelche Aktionen ergreifen.

Beim Geisterclan in dieser Gegend verwendet man beispielsweise folgendes Idiom: „Mein Mut badet sich.“ Das bezieht sich auf das rituelle Bad, dem sich die Krieger des Geisterclans auf Anweisung eines Optanten oder am Vortag einer großen Schlacht unterziehen. Es bedeutet, dass sich der Edeinos gestählt hat und für eine bevorstehende Auseinandersetzung bereit ist.

„Meine Neugierde läuft“

Diese Aussage bedeutet, dass der Edeinos bereit ist, seine Vorsicht zu vergessen, um herauszufinden, was vor ihm liegt. Die Entdecker müssen damit rechnen, dass ein Edeinos, der diese Phrase ausstößt, kurz davor ist, sich Hals über Kopf in eine gefährliche Situation zu bringen, wie auch immer die Konsequenzen sein mögen.

„Mein Tod singt“

Das bedeutet, dass die Situation bedrohlich ist, aber dass der wilde Mut, der durch das Gesetz der Wildheit bestärkt wird, ausreichen könnte, damit der Edeinos siegreich aus der Situation hervorgeht. Wenn nicht, wird er vermutlich einen würdigen Tod in den Augen Lanalas erleiden.

„Meine Worte haben nicht getanzt“

Die Worte des Sprechers waren schlecht gewählt, unbeholfen und für den Zuhörer vielleicht sogar beleidigend. Der Edeinos entschuldigt sich daher für seine Worte.

Edeinos-Phänomene

Feuergespräch

Lange Gespräche werden am Lagerfeuer geführt, ebenso werden dort Geschichten erzählt. Das ist der Ort, an dem die Edeinos ihre Regeln für Gespräche lockern. Hier dürfen sie auch Abstraktionen verwenden oder poetische Formulierungen, vor allem wenn es darum geht, eine gute Geschichte zu erzählen. Sie werden noch immer Beschreibungen betonen und zur Unterstreichung Mimik und Gesten verwenden, aber dies wird auf eine sanftere Art und Weise erfolgen. Eine Quelle von kulturellen Schwierigkeiten zwischen den Einwohnern des Lebenden Landes und seinen Besuchern ist die Eigenheit der Besucher, zu reden und zu reden und einfach nicht zu wissen, wann man endlich schweigen sollte, wenn gerade keine Gelegenheit für ein Feuergespräch ist. Ein entnervter Edeinos könnte darauf antworten: „Wo ist das Lagerfeuer?“ Er erwartet dann vom Besucher, dass er mit seiner unpassenden Sprechweise aufhört.

Der Himmelsgeisterfluss

Ein Phänomen, bei dem ein langer Regen eine halbintelligente Springflut erzeugt, die an einen Fluss erinnert. Das Bewusstsein des Flusses entsteht durch Himmelsgeister, die mit dem Regen zu Boden gerissen wurden. Das wilde Strömen des Flusses ist das Resultat davon, dass sich die Geister aus dem Wasser befreien wollen. Irgendwann, und in den meisten Fällen auch sehr plötzlich, erlangen die Geister ihre Freiheit und der Himmelgeisterfluss löst sich wieder auf. Dadurch wird er vorübergehend zu einem sumpfigen Flussarm, der sich allerdings in wenigen Stunden auflöst.

Die erste Pilgerfahrt des Gotak

Der Gotak beginnt mit seiner Geisterreise der Ersten Pilgerfahrt, sobald er auf die Entdecker trifft. Die Erste Pilgerfahrt stellt ein spirituelles Nachempfinden jener Reise dar, die vor langer Zeit der erste Edeinos vollführt hat, der zu einem Gotak wurde.

Der Gotak gibt keine Antworten bezüglich der Reise, bis es zum ersten Feuergespräch am Abend kommt. Er erwartet von den Helden, dass sie an seiner Reise teilnehmen. Er beginnt, indem er das Symbol des Sonnenaufgangs auf den ersten bereitwilligen Charakter zeichnet, und er kann erst davon überzeugt werden, sie zu führen, sobald alle Storm Knights das Symbol tragen.

Wenn ihn die Storm Knights irgendwie dazu zwingen, sie zu führen, ohne an dieser Reise teilzunehmen, wird er sie nicht vor Gefahren warnen und auch keine Wunder für sie wirken.

An jedem Morgen erwachen die Agenten des Delphi-Rates und stellen fest, dass der Gotak bereits auf den Beinen ist und sich damit beschäftigt, Pflanzen zu zerreiben, um die Pigmente für die Symbole des Tages herzustellen. Tyec ahmt die Vogelschreie aus dem umliegenden Dschungel nach, während er die Pigmente herstellt. Symbole der Ersten Pilgerfahrt verblassen erst, sobald diese beendet wurde oder der Charakter stirbt, der diese Symbole trägt.

Reise des Sonnenaufgangs

Standardszene. Sobald der Gotak erstmals auf die Entdecker trifft, zeigt er auf die Pigmente, die er zubereitet hat, und taucht seine Krallen in die erste Farbe. Auf seinen linken Arm zeichnet er eine Linie, die den Horizont darstellt, und darüber einen Halbkreis für die aufgehende Sonne. Er sagt:

„Sie erwachte an diesem Tag voller Leben. Sie wusste, dass Lanala für diesen Tag Freude vorgesehen hatte, und sie schritt kräftig aus. So werden es wir auch tun."

Für den Rest des Tages sind alle Bewegungsaktionen Begünstigt. Der Gotak nutzt jede Gelegenheit, um bei der Reise Tempo zu machen. Er läuft, statt zu gehen, springt von einem Felsen zum anderen, erklimmt Bäume, nutzt besonders absurde Routen, und das alles nur, um die Freude der Bewegung in Lanalas Lebendem Land auszukosten. Er pflückt beispielsweise eine Hand voller Beeren, springt hoch in die Luft und wirft sie in einem hohen Bogen, sodass sie langsam zu Boden fallen und von fliegenden Vögeln aus der Luft gefischt werden können.

Die Entdecker werden selbst bei dieser wilden Reise tagsüber nicht müde Sie legen ungefähr 3 Kilometer pro Stunde durch den dichtesten Dschungel zurück. Dennoch holen sie die Anstrengungen des Tages schließlich beim Feuergespräch ein. Zu diesem Zeitpunkt muss jeder Storm Knight eine *Stärke*-Probe gegen MW 8 ablegen. Bei einem Fehlschlag erleidet der Charakter vier Schock. Dieser Schock repräsentiert eine tiefgreifende Erschöpfung und kleine Muskelrisse. Man kann sich von dem auf diese Weise erlittenen Schock erst beim Feuergespräch in der darauffolgenden Nacht erholen.

Feuergespräch

Der Gotak ist jetzt endlich dazu bereit, die Fragen der Entdecker umfassender zu beantworten. Seine wichtigsten Fragen an die Helden lauten: „Wie wird beim Stamm des Delphi-Rates entschieden, wer auf die Jagd gehen soll? Und wie wird bei der Rückkehr des Jagdtrupps bestimmt, wie die Beute aufgeteilt werden soll?" Der Gotak möchte wissen, wie der „Stamm" der Helden mit der Verantwortung umgeht, für den ganzen Clan zu sorgen, und ob bei ihnen die Beute fair in den Reihen der Gemeinschaft aufgeteilt wird.

Himmelsgeisterfluss

Standardszene. Nachdem die Helden am nächsten Tag aufgewacht sind und ihre steifen Muskeln gelockert haben, malt der Gotak blaue Wellenlinien auf ihre linken Schultern. Er sagt:

„Lanalas Himmelsgeister trieben sie voran. Sie war noch nicht Gotak und musste mit dem Himmelsgeisterfluss ringen. So werden wir es auch tun."

Es beginnt zu regnen und der Regen wird im Verlauf der nächsten zwei Stunden immer schlimmer. Erfahrene Entdecker erkennen, dass alle Zeichen auf eine bevorstehende Springflut hinweisen. Sie haben jedoch genug Zeit, um ein improvisiertes Floß aus Baumstämmen zu fertigen. Mit einer *Wasserfahrzeuge*-Probe gegen MW 12 kann man feststellen, ob das Floß lange genug halten wird, um damit den Himmelsgeisterfluss zu durchqueren. Andernfalls bedeuten gescheiterte Proben, dass einzelne Teil des Floßes abreißen und verloren gehen, während sich die Gruppe auf dem Fluss befindet. Die Abenteuer müssen sich unterwegs mit mehreren Gefahren herumschlagen:

- **Wirbelnde Stromschnellen:** Diese Herausforderung erfordert zwei Charaktere. Einer von ihnen muss eine *Wasserfahrzeuge*-Probe mit MW 10 ablegen und der andere eine *Stärke*-Probe mit MW 10. Wenn beide Storm Knights erfolgreich sind, steuern sie das Floß elegant durch die

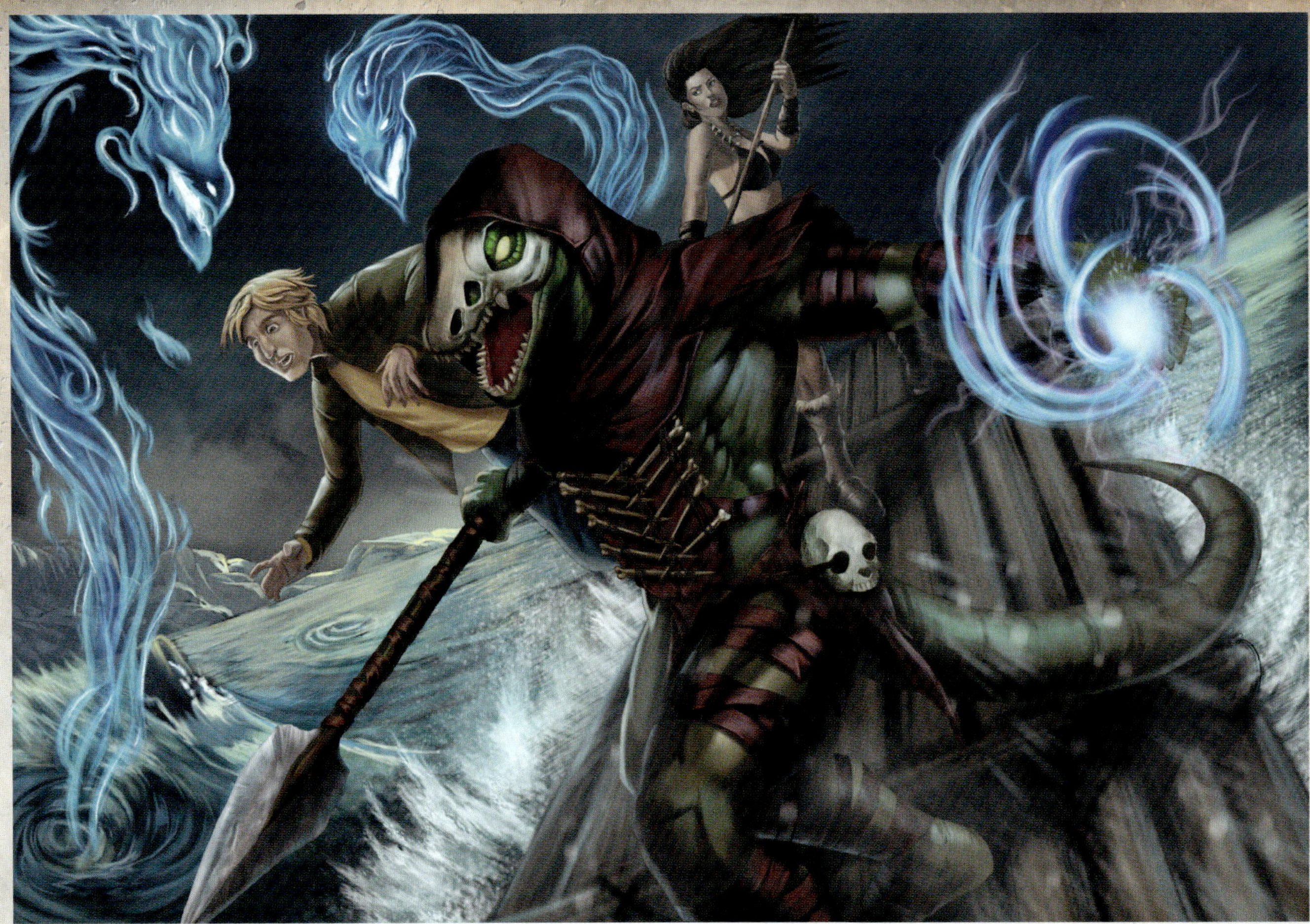

An einem Ort, der so spirituell ist, wie das Lebende Land, regnet es nicht nur Wasser.

Stromschnellen. Wenn einer von beiden scheitert, muss jeder Charakter eine *Geschicklichkeits*-Probe mit Schwierigkeit Standard (MW 8) machen. Wer scheitert, stürzt in den das Wasser. Scheitern sogar beide Proben, dann kentert das Floß, wodurch jeder Charakter auf dem Floss eine Wunde erleidet, die weggesteckt werden kann.

- **Felsbrockenfeld:** Diese Herausforderung erfordert drei Charaktere. Einer muss eine *Wasserfahrzeuge*-Probe gegen MW 10 machen, einer muss das Floß mit einer *Stärke*-Probe gegen MW 12 von den Felsen wegdrücken und der dritte Charakter muss das Floß daran hindern, dass es sich zu drehen beginnt, indem er eine *Stärke*-Probe gegen MW 10 ablegt. Wenn sowohl die Probe auf *Wasserfahrzeuge* und die Probe, um zu verhindern, dass sich das Floß dreht, scheitern, dann kentert es. Wenn die Probe, um zu verhindern, dass das Floß in die Felsen gerät, scheitert, dann kollidiert es mit den Felsbrocken. Jeder Charakter muss dann eine *Geschicklichkeits*-Probe gegen MW 10 machen oder er wird ins Wasser geschleudert.
- **Umstürzender Wald:** Der tosende Fluss sorgt dafür, dass Bäume entlang des Weges entwurzelt werden und umstürzen. Diese Herausforderung erfordert drei Charaktere. Einer muss eine *Wasserfahrzeuge*-Probe gegen MW 12 machen, zwei weitere Charaktere müssen *Stärke*-Proben gegen MW 10 machen. Für jede Probe, die scheitert, werden ein oder zwei Charaktere von herabfallenden Zweigen gestreift, die 14 Schaden verursachen. Wenn alle drei Proben scheitern, dann fällt ein umstürzender Baum direkt auf das Floss und richtet bei allen Charakteren 16 + 1 BW Schaden an.
- **Wasserwirbel:** Die wild kreisenden Wasserwirbel sind ein Zeichen für gefangene Himmelsgeister. Um dafür zu sorgen, dass das Floß aufrecht bleibt und auf seinem Weg weiterkommt, muss ein Charakter eine *Wasserfahrzeuge*-Probe gegen MW 10 und ein weiterer Charakter, der wie wild paddelt, eine *Stärke*-Probe gegen MW 10 ablegen. Wenn beide Proben scheitern, dann wird das Floß in den Wasserwirbel gesogen, kentert und ist verloren. Während die Storm Knights sich einen Weg durch die nahen Wasserwirbel suchen, tauchen andere Wirbel auf und schließlich greifen die gefangenen Himmelsgeister an (einer je zwei Helden). Siehe die spieltechnischen Werte rechts.

GEFANGENE HIMMELSGEISTER

Die Himmelsgeister, die im Fluss gefangen sind, sind in Panik und voller Zorn. Sie kanalisieren ihre spirituelle Macht durch das Wasser, von dem sie umhüllt werden, und greifen bei ihrem Versuch, sich zu befreien, alles und jeden an.

Attribute: Charisma 8, Geschicklichkeit 11, Verstand 11, Geist 11, Stärke 10
Fertigkeiten: Ausweichen 12, Einschüchtern 12, Tricksen 15, Verspotten (10), Waffenloser Kampf 12, Willenskraft 10
Bewegung: 10; **Robustheit:** 12; **Schock:** 20; **Wunden:** 3
Ausrüstung: –
Vorzüge: –
Möglichkeiten: 1
Spezielle Fähigkeiten:

- **Endlich frei:** Um einen Himmelgeist aus seinem Wassergefängnis zu befreien, muss man mit dieser Absicht handeln und eine Probe auf *Glauben* gegen MW 14 bestehen. Der freie Geist explodiert aus dem Wasser und lässt einen glitzernden Regenbogen hinter sich, der 25 Meter weit reicht. Er zerstreut sich rasch in einem Windstoß von belebender, frischer Luft.
- **Ertränken:** Gefangene Himmelsgeister schießen trickreich mit Wasserstrahlen und manipulieren die Strömung des Wassers, sodass ihre Gegner Wasser schlucken. Das Ziel ist Sehr verwundbar, bis es eine *Stärke*-Probe gegen MW 12 besteht.
- **Flüssig:** Ein gefangener Himmelsgeist ist sehr schwer zu beschädigen. Dies spiegelt sich bereits in den hohen Werten in Schock und Wunden wider.
- **Wasserstoß:** Der Himmelsgeist greift mit glitzernden Wasserwellen voller spiritueller Energie an. Er richtet als Schaden *Geist* +4/15 an. Wasserstöße ignorieren jede Art von Rüstung, außer diese schützt speziell gegen spirituelle Angriffe.

Feuergespräch

An diesem Abend möchte der Gotak mehr über die Gemeinschaftsrituale beim Stamm des Delphi-Rates wissen. Gibt es Geburtssegen? Paarungssakramente? Tanzrituale, bei denen die Gemeinschaft die Jäger stärkt? Ein besonders Anliegen ist ihm jedoch die Frage, wie der Tod geehrt wird und wie die Ausführenden dieser Rituale vom Stamm des Delphi-Rates behandelt werden.

NEBELJAGD

Standardszene. Am nächsten Morgen malt der Gotak auf die rechte Schulter jedes Entdeckers einen weißen Wirbel, aus dem braune Krallen greifen. Er versucht, sie nach ihrem Wort für „Jagd" zu fragen, indem er die Jagd pantomimisch darstellt. Er ist der Jäger, der die Spuren liest, ihnen folgt und seinen Speer auf die Beute wirft. Dann wird er zur niedergestreckten Beute und stirbt am Boden. Welches Wort auch immer ihm die Entdecker nennen, er verwendet es für den Rest des Tages für „Jagd" und „jagen".

„Sie erwachte an diesem Tag und spürte ein Erschauern im Nebel. Sie jagte den Tod an diesem Tag, so wie sie von ihm gejagt wurde. Sie respektierte den Tod, und wir werden das ebenfalls tun."

Sobald der Gotak den Segen beendet, strömt ein dichter Nebel ins Lager und umhüllt die Gruppe.

Das Gebrüll eines Allosaurus erklingt in einer Entfernung von ungefähr 100 Metern hinter der Gruppe. Ihm antwortet ein gleichartiges Brüllen in einer Entfernung von ungefähr 60 Metern zur rechten Seite der Gruppe. Die Helden werden von einem Pärchen dieser Dinosaurier gejagt.

Wenn man versucht, den Allosauriern zu entgehen, so ist das eine Standard-Probe auf *Heimlichkeit* gegen eine vergleichende Probe auf *Spurenlesen* des Allosaurus. Wenn die Helden scheitern, werden sie von den Allosauriern gestellt, die sie zwei Runden angreifen können, bevor die Storm Knights erneut versuchen können, sich in den Dschungel abzusetzen.

Die Gruppe muss einen schwer verletzten Edeinos finden, damit ihn der Gotak mit einem Segen des Weitergehens bedenken kann. Dafür ist eine erfolgreiche *Spurenlesen*-Probe gegen MW 16 erforderlich. Die Allosaurier jagen die Gruppe dabei beständig. Sobald der Edeinos gefunden wurde, weiht ihn der Gotak mit einem kurzen Gesang, der fünf Runden in Anspruch nimmt. Falls die Storm Knights den Edeinos untersuchen, dann stellen sie zweifellos fest, dass er durch Gewehrfeuer verletzt wurde.

Während des Segens des Weitergehens sind keine weiteren Proben auf *Heimlichkeit* möglich. Sobald die zwei Allosaurier die Helden aufspüren, kommt es zu einem Kampf auf Leben und Tod.

ALLOSAURUS

Attribute: Charisma 4, Geschicklichkeit 9, Verstand 5, Geist 10, Stärke 16
Fertigkeiten: Ausweichen 12, Einschüchtern 13, Finden 12, Heimlichkeit 11, Manövrieren 11, Spurenlesen 13, Verspotten (10), Waffenloser Kampf 12
Bewegung: 11; **Robustheit:** 19 (3); **Schock:** 12; **Wunden:** 3
Ausrüstung: –
Vorzüge: –
Möglichkeiten: Nie
Spezielle Fähigkeiten:

- **Biss:** Schaden *Stärke* +3/19.
- **Gemeinsame Jagd:** Diese Bestien sind instinktive Jäger und arbeiten auf natürliche Weise zusammen. Wenn ein Allosaurus ein Ziel angreift, dann ist der Angriff des zweiten Allosaurus Begünstigt.
- **Rüstung:** Schuppenhaut +3.
- **Sehr groß:** *Angriffs*-Proben gegen sie erhalten einen Bonus von +4.

Feuergespräch

Während sich die Entdecker um ihre Wunden kümmern, erkennen sie, dass der Gotak zufrieden ist. Die Macht des Himmelsgeisterflusses und die erfolgreiche Jagd in den Nebeln lassen keinen Zweifel daran, dass diese Erste Pilgerfahrt tatsächlich von Lanala gesegnet ist. Die Storm Knights schreiten wahrlich auf dem Pfad der ersten Gotak.

In dieser Nacht möchte der Gotak wissen, wie der Stamm des Delphi-Rates entscheidet, in den Krieg zu ziehen, und wie er entscheidet, dass es an der Zeit ist, den Krieg zu beenden. Tyec Ssan kämpft sichtlich damit, ein Konzept zu erklären, dass im Land des Gesetzes der Wildheit unbekannt ist. Die Schlacht um Seattle war falsch, es war Krieg, der zu weit gegangen ist. Es war ein Krieg, der bis zu einem Punkt eskaliert ist, an dem die Toten mit Unehre behandelt wurden. Hat der Delphi-Rat Grenzen, die er auch in Zeiten des Krieges einhält? Gibt es Werte, die so heilig sind, dass sie auch in der Hitze des Gefechts nicht geopfert werden? Er gibt ihnen mit stockender und von Emotionen geprägter Stimme eine Nacherzählung der Schlacht von Seattle als Negativbeispiel. Es handelt sich offensichtlich um etwas, das er in Zukunft unter allen Umständen vermeiden möchte.

Feindlicher Stamm

Dramatische Szene. Die Storm Knights erwachen an einem Tag mit blauem Himmel. Der Gotak malt ein Paar roter, gebrochener Speere auf den rechten Unterarm jedes Entdeckers. Er sagt:

„Lanala umarmt den Tod als einen Teil des Lebens. Sie hat die Gotaks erschaffen, um ihren Respekt für den Tod zu fördern. Der Edeinos, den sie fand, erhielt diesen Respekt nicht von seinen Mördern. Sie ging, um den feindlichen Stamm aufzuspüren und um diesen Respekt zu erlangen oder um Rache zu üben. So werden wir es auch tun."

Der Edeinos wurde von Überlebenden aus dem nahe gelegenen Dorf Lynville getötet. Da man dort den Dschungel regelmäßig mit Feuer rodet, der beständig auf die kleine Ansiedlung vorrückt, kann man das Dorf leicht aufgrund der starken Rauchentwicklung aufspüren.

Auf dem Weg nach Lynville erklärt ihnen Tyec Ssan, dass ihnen zwei Möglichkeiten bleiben:

- **Blut fordern:** Drei Kolonisten aus Rache töten und dann die entsprechenden Weiherituale über den Leichen der Toten sprechen.
- **Respekt erlangen:** Eine Gruppe von Kolonisten zurück zu den Knochen des Edeinos führen und mit ihnen gemeinsam die entsprechenden Weiherituale vollführen, damit die Seele des Edeinos eins mit Lanala werden kann.

Lynville ist eine Kolonie von Überlebenden in der ehemaligen Stadt Dundee in Oregon. Diese Kolonisten sehen sich als unabhängig von den Bewohnern der Zentralerde in Astoria an. Eine relativ große Zahl der Kolonisten wurde in primitive Menschen transformiert. Diese transformierten Menschen gehören noch immer zur Kolonie. Sie streifen hauptsächlich im Randgebiet herum, patrouillieren wachsam und halten dabei nach Feinden Ausschau. Es ist der Kolonie bisher gelungen, den Dschungel in einem Abstand von ungefähr 20 Metern vom Stacheldrahtzaun zu halten, der die Kolonie umgibt. Teile des Zauns wurden jedoch bereits vom Lebenden Land für sich erobert. Ein funktionsfähiger Wasserturm bildet das Zentrum der Kolonie. Rund um ihn befinden sich drei Gebäude aus Wellblech und ein halbes Dutzend Zelte. Der Wasserturm ist ständig von zwei Soldaten bemannt. Der Rest der Soldaten verteilt sich auf die Kolonie, aber beim Wasserturm gibt es eine Alarmglocke, mit der die Soldaten, die primitiven Menschen und die Bewohner alarmiert werden können, um die Kolonie zu verteidigen.

Lyn Brushman

Der Bürgermeister ist ein abgehärteter Veteran namens Lyn Brushman. Er war ursprünglich in San Francisco stationiert und hat sich angesichts der Invasion sozusagen selbst den Auftrag erteilt, Lynville als vorgelagerte Basis zu etablieren und zu verteidigen. Einige seiner Gefährten aus seinem Zug haben sich ihm angeschlossen. Lyn ist ein ehrlicher Anführer und ein verbissener Verteidiger der Kolonie. Obwohl er einen Krieg gegen den Geisterclan führt, ist er nicht der Typ, der dazu neigt, seinen Gegner gnadenlos abzuschlachten, um den Sieg davonzutragen. Wenn die Helden einen Vorschlag machen können, von dem beide Seiten profitieren, ist er damit einverstanden.

Wenn er mit der Gruppe spricht, möchte er vor allem wissen, warum sie mit einem Gotak des Geisterclans zusammenarbeitet.

„Seit wann arbeitet der Delphi-Rat eigentlich mit unseren Feinden zusammen?"

Wenn Lyn den 38er Revolver aus dem lebenden Metall entdeckt oder man ihm die Waffe zeigt, dann zeigt er sich daran interessiert, etwas von dem lebenden Metall für seine Kolonie zu erlangen. Das könnte die Basis für einen Handel sein.

Bewohner von Lynville

- Zwei Primitive Menschen (siehe Seite 80) je Held.
- Ein Menschlicher Soldat (siehe Seite 80) je Held sowie zwei zusätzliche beim Wasserturm.
- Lyn Brushman, ein Menschlicher Soldat (siehe Seite 80) mit zwei Möglichkeiten.
- 30 Norms (siehe *Torg Eternity*).

Feuergespräch

Dieses Feuergespräch ist entscheidend dafür, ob sich Tyec Ssan dem Stamm des Delphi-Rates anschließt oder zumindest den Dienst für Baruk Kaah endgültig aufgibt. Er bespricht die Entscheidungen und das Verhalten der Storm Knights in Lynville. Wenn keines seiner beiden Ziele erreicht wurde, dann muss man ihn davon überzeugen, dass die Vorgehensweise der Helden dennoch würdig gewesen ist. Wenn die Gewalt eskaliert ist und es mehr Tote gegeben hat als die drei Opfer, die er verlangt hat, dann will er eine vernünftige Erklärung dafür haben, warum es zu der Eskalation gekommen ist.

Klauen, Fänge und Glauben

Dramatische Szene. An diesem Morgen malt Tyec Ssan mehrere Strichmännchen auf die Rücken der Helden. Manche von ihnen sind ganz und manche zerbrochen. Er sagt:

„Sie zollte dem Tod ihren Respekt. An diesem Tag zollte der Tod ihr seinen Respekt. Sie stellte sich dem Blasphemischen nur mit Klauen, Fängen und Glauben bewaffnet und sie überdauerte. So werden es wir auch tun."

Der Gotak erklärt, dass sich die erste Gotak mit den Toten der Ustanah auseinandersetzen musste. Er meint, dass sie sich nun mit den Toten von Baruk Kaah auseinandersetzen müssen.

Der Tag wird extrem heiß und feucht. Die Temperatur steigt im Verlauf des Tages ständig an und erreicht kurz vor Mittag 46 °C. Dann steigt sie noch etwas weiter. Der Dschungel liegt völlig ruhig da, es geht kein Wind. Die Vögel haben aufgehört zu singen, die Insekten zirpen nicht mehr. Die Gruppe hört das krachende Geräusch von Unterholz, als die Begegnung ihren Anfang nimmt. Während die Gospog aus dem Wald strömen, sagt Tyec Ssan:

„Lanalas Gunst ist auf unserer Seite. Kämpfen wir nur mit Klauen, Fängen und Glauben. Der Tod stellt sich auf unsere Seite."

Lanalas Gunst: Wenn ein Held nur mit *Glauben* oder *Waffenloser Kampf* angreift, dann sorgt Lanala dafür, dass der Glauben des Charakters den Gospog schweren Schaden zufügt. Angriffe, die mit *Waffenloser Kampf* ausgeführt werden, haben einen Schadenswert von *Glauben* +8. Wenn ein Angriff trifft, dann spürt der Held, wie der Gospog förmlich schwer erschüttert wird und ein Teil von ihm abbricht. Ein Held ohne *Glauben* benutzt nur *Waffenloser Kampf.* Ein Held, der auf andere Art und Weise angreift als mit den Fertigkeiten *Manövrieren, Tricksen, Verspotten* oder *Waffenloser Kampf,* fühlt sich angesichts der Hitze schrecklich erschöpft. Er zählt für den Rest der Begegnung als Verwundbar.

- **Runde Eins:** Gospog der Ersten Pflanzung strömen aus dem Dschungel (2 je Held).
- **Runde Zwei:** Die Gospog erhalten durch weitere Gospog der Ersten Pflanzung Verstärkung (1 je Held).
- **Runde Drei:** Die Feinde werden durch Gospog der Zweiten Pflanzung verstärkt (1 je Held). Die Spielleiterin kann die Anzahl erhöhen, wenn es Charaktere gibt, die „von den Felsen gehasst werden" (siehe Seite 71). Diese zusätzlichen Feinde konzentrieren sich auf die Entdecker, die das Lebende Land erzürnt haben.

Der Kampf ist sehr blutrünstig und macht sich das Gesetz der Wildheit zu Nutze. Fäuste bleiben in schleimtriefenden Brustkörben stecken, und die Storm Knights schlagen ihre Köpfe gegen verrottende Schädel ihrer Gegner, wenn sie sich aus einem Griff befreien. Der Boden ist schlüpfrig durch den Eiter der gefallenen Gegner. Bei jedem Aufschrei spritzen Blut und Speichel. Halte dich bei der Beschreibung dieses Kampfes in keiner Weise zurück.

- **Gospog des Lebenden Landes:** Siehe *Lebendes Land - Quellenbuch.*

Sobald der Kampf vorüber ist, beginnt der Gotak mit der Vollführung von Begräbnisriten für die Gospog. Charaktere, die ihm dabei zur Seite stehen, beeindrucken ihn durch ihren offensichtlichen Respekt für Lanala. Jene, die nur mit *Waffenloser Kampf* und *Glauben* gekämpft haben, beeindrucken ihn ebenfalls. Wenn sich die Storm Knights während dieser Reise Lanala gegenüber als respektvoll erwiesen haben, dann ist der Gotak durchaus dazu bereit, die Seiten zu wechseln und sich dem Delphi-Rat anzuschließen. Sein Stolz hindert ihn aber daran, direkt danach zu fragen.

Feuergespräch

Der Gotak versucht indirekt zu fragen, ob er sich dem Stamm des Delphi-Rates anschließen kann. Er fragt beispielsweise, ob es andere Gotaks gibt, die dem Stamm des Delphi-Rates dienen, und ob ein Gotak von Nutzen für den Stamm der Entdecker sein könnte.

Lanalas Flüstern

Standardszene. Am nächsten Morgen malt der Gotak ockerfarbene Linien auf die Ohren und die Stirnen der Entdecker. Tyec spricht:

„Als sie die Erste Pilgerfahrt des Gotaks beendet, wandelt sie auf Seiten Lanalas. Sie sieht den Tod nun durch Lanalas Augen und hilft ihrem Stamm voller Ehrfurcht, es ihr gleichzutun. In den ruhigen Momenten lauscht sie dem Flüstern Lanalas. So werden wir es auch tun."

Die Entdecker betreten die Ruinen von Portland und sind zum Fluss Willamette im Stadtzentrum unterwegs. Je näher sie kommen, desto mehr Rankenmetall sehen sie. Das Wunder, das es ermöglicht, dass hier Rankenmetall wächst und gedeiht, hat einen Durchmesser von einem Kilometer und ist auf das Nordende der Überreste des Tom-McCall-Waterfront-Parks zentriert.

Ungefähr eine Stunde vom Park entfernt legt jeder Charakter eine *Geist*-Probe gegen MW 10 ab. Bei einem Erfolg kann er sanfte Stimmen hören, die vom Wind herangetragen werden. Es handelt sich um Warnungen vor wütenden Fußtritten, rasiermesserscharfen Zähnen und schneidenden Krallen. Dies ist eine Beschreibung des Rankenmetall-Behemoth. Bei einem Guten Erfolg empfängt der Charakter eine Vision vom Herzen des Rankenmetallhains. Dabei handelt es sich um den jetzt lebendigen Mast der *USS Oregon*. Der Mast ist von Rankenmetall überwuchert, der seinem Herzen langsam das Leben aus dem Leib quetscht.

Bei einem Hervorragenden Erfolg kann die SL ebenfalls die obige Beschreibung verwenden oder dem Charakter eine Vision Lanals von weiteren wichtigen Kampagnenereignissen zuteilwerden lassen. Außerdem spürt der Charakter flüchtig die Aufmerksamkeit von Baruk Kaah, da der High Lord die unnatürlich starke Aufmerksamkeit Lanalas, die sich auf den Helden richtet, ebenfalls spüren kann.

Der Hain

Wenn man den Hain im Tom-McCall-Park betritt, ist das so, als ob man mitten in eine Fata Morgana getreten wäre. Wabernde Spiegelungen von silbernem, blauem und grünem Licht dringen aus allen Richtungen. Jeder Grashalm, jedes Blatt und jeder Baumstamm besteht aus glitzerndem, lebendem Metall. Im Herzen des Haines befindet sich der Mast der *USS Oregon*. Dieser Mast war früher ein Kriegsdenkmal, doch jetzt handelt es sich um das 100 Tonnen schwere Herz dieses Ökosystems. Die wundersame Kraft, die den Mast verwandelt hat, ist die Lebensquelle für das Metall im Hain. Auf dem Mast befindet sich die Flagge der USA, die ebenfalls in ein dünnes, flatterndes Metallblatt verwandelt wurde. Sie ist nur blau und silbern gefärbt, da das Lebende Metall keine rote Farbe annehmen kann.

Das Herz ist in Schwierigkeiten. Rasiermesserscharfe Ranken winden sich rund um seine Basis und beginnen scheinbar damit, nach oben zu wachsen. Sie beschädigen das Herz und werden es in wenigen Monaten töten. Wenn das Herz erst einmal tot ist, wird das Wunder verblassen und das lebende Metall wird wieder zu einer ganz normalen toten Substanz werden.

Die Spieler haben zumindest die nachfolgenden Optionen:

- **Dem Herzen helfen:** Um das zu tun, müssen die Helden die rasiermesserscharfen Ranken vom Mast entfernen. Eine 5 Meter große Gruppe von Ranken kann mittels *Verbannen* oder *Pflanzen formen* gelöst und dann abgeschnitten werden. Die Ranken widersetzen sich mit *Geist* 10 und haben eine Robustheit von 10. Wenn sie angreifen, dann tun sie dies auf die gleiche Weise wie die Eigenschaft *Rasiermesserscharfe Ranken* des Behemoths. Es gibt insgesamt sechs derartiger Cluster, die man entfernen muss. Das wäre eigentlich kein so großes Problem, allerdings ist da noch der Behemoth, der das Herz bewacht.
- **Rankenmetall ernten:** Wenn sich die Storm Knights gar nicht erst dem Herzen des Hains nähern, können sie auch dem Behemoth leicht aus dem Weg gehen. Sie können so viel lebendes Metall ernten, wie sie tragen können.
- **Den Behemoth angreifen:** Warum? Weil er da ist. Und außerdem kann der Gotak die Leichen der gefallenen Storm Knights begraben. Praktisch, oder?

Rankenmetall-Behemoth

Der Rankenmetall-Behemoth bewacht das Herz des lebenden Metallhains. Vor allem beschützt er dabei den Mast der *USS Oregon*.

Der Behemoth hat die Form eines Chupacabra angenommen, der sich im Rankenmetall verfangen hatte. Außerdem ist er ziemlich gewachsen und jetzt ungefähr 15 Meter lang. Sein Heulen klingt wie das Bellen eines Chupacabra vermischt mit dem Kratzen einer metallischen Schrottpresse, beides abgespielt über die Lautsprecheranlage eines Stadions. Nichts an der Kreatur ist leise. Die Fußtritte klingen wie Explosionen und seine Bewegungen hören sich an wie ein Schiffsrumpf, der mit einem lauten Bersten zerbricht.

Attribute: Charisma 8, Geschicklichkeit 12, Verstand 12, Geist 14, Stärke 20
Fertigkeiten: Ausweichen 12, Einschüchtern 16, Finden 12, Projektilwaffen 15, Tricksen 12, Waffenloser Kampf 15, Willenskraft 14
Bewegung: 15; **Robustheit:** 26 (6); **Schock:** 30; **Wunden:** 3
Ausrüstung: —
Vorzüge: —
Möglichkeiten: 6
Spezielle Fähigkeiten:

- **Lebende Rüstung:** Rüstung +6. Der Behemoth besteht aus lebendem Metall, seine Haut und hervorstehenden Teile sind so geformt, dass sie Angriffe sehr effektiv abwehren. Wenn die Kreatur Ziel eines panzerbrechenden Angriffs wird, dann macht sie eine freie *Geist*-Probe (MW 12). Bei einem Erfolg zählen alle weiteren Angriffe aus dieser Quelle nicht mehr als panzerbrechend.
- **Metallschrei:** Der Behemoth verstärkt die Geräusche, die seine Bewegungen verursachen, auf unerträgliche Weise. Ziele müssen eine *Verstand*-Probe gegen MW 12 bestehen, sonst sind sie Angeschlagen, bis sie eine erfolgreiche Probe gegen den Angriff machen.
- **Rasiermesserscharfe Ranken:** Der Behemoth kann dem Rankenmetall im Hain befehlen, seine Gegner anzugreifen. Rasiermesserscharfe Ranken greifen mit einer Probe auf *Projektilwaffen* an. Dieser Angriff

kann überall im Sichtbereich des Behemoth erfolgen, solange sich das Ziel im Hain befindet. Die Ranken richten 20 Schaden an; bei einem Guten Erfolg 20 + 1 BW Schaden und das Ziel wird festgehalten; bei einem Hervorragenden Erfolg 20 + 2 BW Schaden, das Ziel wird festgehalten und zählt als Angeschlagen.

- **Schrecken:** Wenn eine derartige Kreatur anwesend ist, dann zählt jede Standardszene stattdessen als eine Dramatische Szene.
- **Sehr groß:** Angriff gegen den Behemoth werden mit +4 ausgeführt.
- **Splitterstampfer:** Schaden 26. Der Behemoth kann eine Möglichkeit aufwenden, um diesen Angriff einzusetzen. Er stampft auf und das Rankenmetall rund um ihn verwandelt sich in unzählige umhersausende Metallsplitter. Der Stampfer ist eine Riesige Explosion, die mit *Projektilwaffen* abgewickelt wird und Kreaturen in einem Radius von 40 Metern um den Behemoth betrifft.

Mit dem Behemoth verhandeln

Der Behemoth ist extrem intelligent und weiß, dass das Herz des Haines bedroht wird. Dummerweise kann er keine Sprache sprechen. Doch inzwischen sollten unsere Helden Erfahrung mit alternativen Kommunikationsmethoden haben, die auch in diesem Fall funktionieren könnten. Sie können versuchen, dem Behemoth ihre geplanten Handlungen als Scharade vorzuspielen. Oder sie können Symbole und Piktogramme auf den Boden malen, mit denen sie ihre Absichten ankündigen. Lass ruhig zu, dass die Spieler eine kreative Lösung finden. Solange sie sich dem Baum nicht zu sehr nähern, während sie versuchen, zu kommunizieren, ist der Behemoth durchaus geduldig. Wenn die Kommunikation zu erlahmen droht, versucht er sie zuerst relativ sanft von der Lichtung zu drängen. Wird er angegriffen, schlachtet er jeden ab, den er erreichen kann.

NACHSPIEL

Wenn diese Szene vorbei ist, informiert Tyec Ssan die Helden, dass sie die Erste Pilgerfahrt des Gotaks erfolgreich beendet haben. Soweit er weiß, sind sie die ersten Nicht-Jakatts, die das geschafft haben. Wenn sie sich dafür entscheiden, dürfen sie eines der Symbole als Zeichen ihrer Reise behalten. Dieses Symbol verblasst zwar ein wenig im Verlauf der Zeit, ist aber abgesehen davon permanent. Jeder Optant oder Gotak, der es sieht, erkennt, dass die Storm Knights die Erste Pilgerfahrt des Gotaks abgeschlossen haben.

Ein Patrouillenboot mit kanadischer Flagge trifft sich mit ihnen am Rand des Willamette. Wenn sich Tyec Ssan dazu entschlossen hat, sich dem Delphi-Rat anzuschließen, dann geht er zögernd an Bord des lauten, toten Dings. Wenn nicht, erteilt er der Gruppe seinen Segen für ihre weitere Reise und bedankt sich bei ihr, weil sie ihm viel gegeben hat, über das er nachdenken kann.

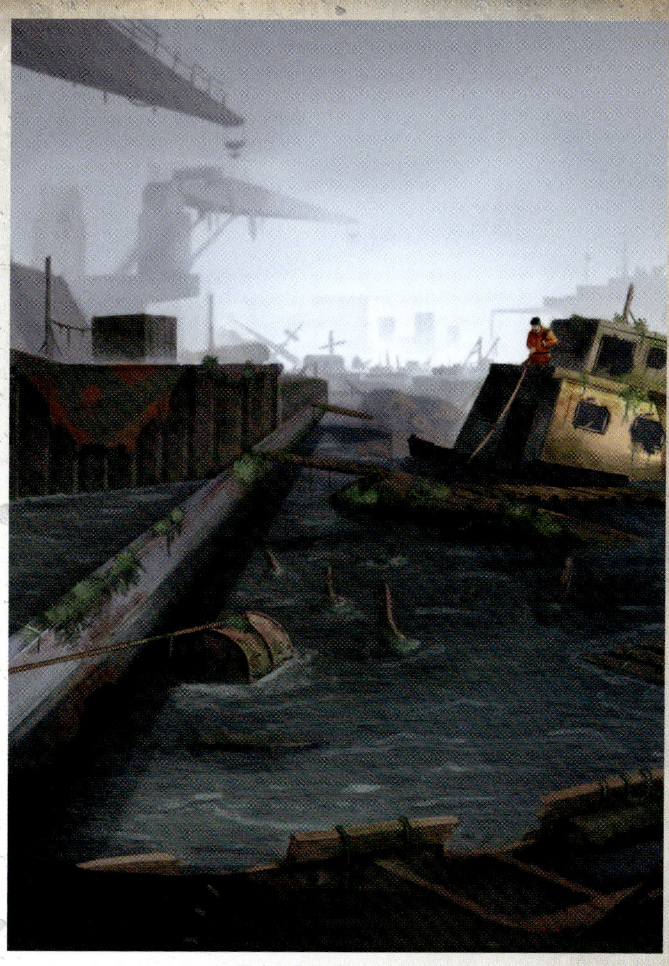

Die Quelle ist nahe!

Wenn die Helden das Herz gerettet haben, erlaubt der Behemoth auch anderen, eine begrenzte Menge des Rankenmetalls zu ernten. Geht es Lynville noch gut, wird dort eine Schmiede für das Rankenmetall errichtet, in der man zahlreiche Werkzeuge und Waffen aus dem Material fertigt. Die Beziehungen zwischen dem Geisterclan und Lynville verbessern sich und manche Angehörige des Geisterclans lernen, wie man das Ritual *Pflanzen formen* benutzen kann, um Rankenmetall zu formen.

Andere Parteien könnten ebenfalls damit beginnen, sich für das Rankenmetall zu interessieren. Im Nil-Imperium kommt man zu der Ansicht, dass man es für verrückte Wissenschaft verwenden könnte. Das Cyberpontifikat meint, dass man aus lebendem Metall effizientere Kybernetik herstellen könnte. Baruk Kaah möchte jede Art von Ressource vernichten, die von seinen Feinden genutzt wird.

Und dann gibt es da noch das Gerücht, dass aus kleinen Knospen des Behemoth glänzende Chupacabras normaler Größe geschlüpft sind. Sie erforschen die Welt und sind mit unbekanntem Ziel in Richtung Mexiko unterwegs.

Aber das sind sicher nur verrückte Geschichten, oder?

HÄUFIGE GEGNER

EDEINOS-BESTIENREITER

Attribute: Charisma 6, Geschicklichkeit 9, Verstand 6, Geist 8, Stärke 10
Fertigkeiten: Ausweichen 10, Einschüchtern 10, Finden 8, Glauben 9, Heimlichkeit 10, Manövrieren 10, Nahkampfwaffen 11, Projektilwaffen 10, Reiten 11, Spurenlesen 8, Überlebenskunst 8, Waffenloser Kampf 11
Bewegung: 9; **Robustheit:** 10; **Schock:** 8; **Wunden:** –
Ausrüstung: Hrockt-Wurzelspeer (Schaden *Stärke* +2/12)
Vorzüge: Bestienreiter
Möglichkeiten: Selten (2)
Spezielle Fähigkeiten:

- **Biss/Krallen:** Schaden *Stärke* +2/12.
- **Tierband:** Der Reiter kann eine Wunde durch einen Treffer seinem Tier zufügen, statt sie selbst zu erleiden.

EDEINOS-KRIEGER

Attribute: Charisma 5, Geschicklichkeit 9, Verstand 6, Geist 8, Stärke 10
Fertigkeiten: Ausweichen 10, Einschüchtern 10, Finden 8, Glauben 9, Heimlichkeit 10, Manövrieren 10, Nahkampfwaffen 11, Projektilwaffen 10, Reiten 10, Spurenlesen 8, Überlebenskunst 8, Waffenloser Kampf 11
Bewegung: 9; **Robustheit:** 10; **Schock:** 10; **Wunden:** –
Ausrüstung: Hrockt-Wurzelspeer (Schaden *Stärke* +2/12)
Vorzüge: Wirbelwind
Möglichkeiten: Selten (2)
Spezielle Fähigkeiten:

- **Biss/Krallen:** Schaden *Stärke* +2/12.

GEISTERCLAN-NEBELSCHREITER

Attribute: Charisma 6, Geschicklichkeit 9, Verstand 6, Geist 8, Stärke 10
Fertigkeiten: Ausweichen 10, Einschüchtern 10, Finden 9, Glauben 10, Heimlichkeit 14, Manövrieren 10, Nahkampfwaffen 10, Projektilwaffen 10, Reiten 11, Spurenlesen 10, Tricksen 9, Überlebenskunst 8, Waffenloser Kampf 10
Bewegung: 9; **Robustheit:** 10; **Schock:** 8; **Wunden:** –
Ausrüstung: Hrockt-Wurzelspeer (Schaden *Stärke* +2/12)
Vorzüge: Chamäleon, Chamäleonhaut, Sprinter
Möglichkeiten: Selten (2)
Spezielle Fähigkeiten:

- **Biss/Krallen:** Schaden *Stärke* +2/12.

MENSCHLICHER SOLDAT

Attribute: Charisma 6, Geschicklichkeit 8, Verstand 7, Geist 8, Stärke 8
Fertigkeiten: Ausweichen 10, Einschüchtern 9, Erste Hilfe 8, Feuerwaffen 10, Finden 8, Heimlichkeit 9, Landfahrzeuge 9, Manövrieren 9, Nahkampfwaffen 9, Schwere Waffen 9, Waffenloser Kampf 9
Bewegung: 8; **Robustheit:** 12 (4); **Schock:** 8; **Wunden:** –
Ausrüstung: Flakweste (+4), Colt M4 (Schaden 13, Kurzer Feuerstoß, Reichweite 50/100/200)
Vorzüge: Doppelschuss
Möglichkeiten: Selten (2)
Spezielle Fähigkeiten: –

PRIMITIVER MENSCH

Attribute: Charisma 6, Geschicklichkeit 7, Verstand 7, Geist 7, Stärke 8
Fertigkeiten: Ausweichen 8, Einschüchtern 8, Finden 8, Manövrieren 8, Nahkampfwaffen 9, Überlebenskunst 8, Waffenloser Kampf 8
Bewegung: 7; **Robustheit:** 8; **Schock:** 7; **Wunden:** –
Ausrüstung: improvisierte Keule (Schaden *Stärke* +2/10, Unhandlich)
Vorzüge: –
Möglichkeiten: Nie
Spezielle Fähigkeiten: –

TRICERATOPS

Attribute: Charisma 4, Geschicklichkeit 6, Verstand 4, Geist 8, Stärke 16
Fertigkeiten: Ausweichen 11, Einschüchtern 10, Finden 8, Heimlichkeit 7, Manövrieren 7, Waffenloser Kampf 10
Bewegung: 8; **Robustheit:** 19 (3); **Schock:** 12; **Wunden:** 3
Ausrüstung: –
Vorzüge: –
Möglichkeiten: Nie
Spezielle Fähigkeiten:

- **Hörner:** Schaden *Stärke* +2/18.
- **Rüstung:** Nackenschild und dicke Haut +3.
- **Sehr Groß:** Triceratops sind bis zu neun Meter lang und 5.000 kg schwer. *Angriffs*-Proben gegen sie erhalten einen Bonus von +4.
- **Sturmangriff:** Schaden +2 bei einem Angriff, wenn die Kreatur zuvor gelaufen ist.